[著] 大井龍 Ryu Oi

風と共に去りぬをひもとく

There was a land of Cavaliers and Cotton Fields called the Old South...
Here in this pretty world Gallantry took its last bow...
Here was the last ever to be seen of Knights and their Ladies Fair, of Master and of Slaves...
Look for it only in books, for it is no more than a dream remembered, a Civilization gone with the wind...

SCREENPLAY CORPORATION

はじめに

　映画『風と共に去りぬ』"Gone with the Wind" は、マーガレット・ミッチェルの小説を映画化したもので、南北戦争の時代（1860年代）を力強く生きた女性、スカーレット・オハラのロマンス物語である。

　デビット・O・セルズニックが制作したこの作品は、第二次世界大戦開始直後、1939年12月に完成。碧い瞳で、17インチ（43センチ）のウエストを持つスカーレットを演じたビビアン・リーを一躍大スターにのしあげた。

　戦乱の中で不撓不屈の人生をおくるスカーレットの生き方は、当時、不況に苦しむ人々に熱狂的人気を博した。日本では1952年に公開され、敗戦に打ちひしがれた日本人にも勇気と希望を与えている。

　本書は、世界中が感動した名セリフや時代背景を解説しながら作品をひもとく一冊である。全世界で20億枚のチケットが売れ、今でも世界のどこかで上映されている不朽の名作、『風と共に去りぬ』。みなさまがこの作品を楽しみ、さらに深く味わう手助けとなれば幸いである。

大井　龍

日本での映画公開時の様子　　　　　　　　写真協力（財）川喜多記念映画文化財団

登場人物

Scarlett O'Hara (Vivian Leigh)

スカーレット・オハラ（ビビアン・リー）

物語の主人公。タラに大農園を持つオハラ家の長女。アイルランド人の父の血を引く勝ち気でわがままな性格。17インチ（約43センチ）のウエストで、碧い瞳を持つ情熱的で魅力的な女性。

Rhett Butler (Clark Gable)

レット・バトラー（クラーク・ゲーブル）

サウスカロライナ州チャールストンの名家の子息だが、素行が悪く勘当される。南北戦争中は封鎖破りで財をなす。頑強な現実主義者で不思議な魅力を持つ男。スカーレットを一番理解し、紆余曲折の後、スカーレットの三番目の夫となる。

Ashley Wilkes (Leslie Howard)

アシュレー・ウィルクス（レスリー・ハワード）

Melanie Hamilton (Olivia de Havilland)

メラニー・ハミルトン（オリビア・デ・ハヴィランド）

典型的南部紳士。スカーレットが恋をする男。情熱的なスカーレットではなく心優しいメラニーと結婚する。戦時中は勇敢に戦い功績をあげるが、敗戦後の復興期には役に立たない。

典型的南部淑女。優しさの中にも心の強さを持ち、全ての人から愛される。戦時中、敗戦後の復興期をスカーレットと共に行動する。スカーレットに恩義を感じ、いつもスカーレットを擁護する。

写真協力（財）川喜多記念映画文化財団

Gerald O'Hara (Thomas Mitchell)　　ジェラルド・オハラ（トーマス・ミッチェル）
スカーレットの父。21才の時にアイルランドから米国へ移住。ポーカーに勝って手に入れた土地をタラと名付け農場として切り開く。

Ellen O'Hara (Barbara O'Neil)　　エレン・オハラ（バーバラ・オニール）
スカーレットの母。ジョージア州サヴァナのフランス系上流階級ロビアール家の娘。愛を誓ったいとこのフィリップの死による失望から、15才でジェラルドのプロポーズを受けて結婚。

Suellen O'Hara (Evelyn Keyes)　　スエレン・オハラ（イヴリン・キーズ）
オハラ家の次女。恋人のケネディーをスカーレットの策略で奪われる。

Carreen O'Hara (Ann Rutherford)　　キャリーン・オハラ（アン・ラザフォード）
オハラ家の三女。恋人の戦死により修道院に入る。

Mammy (Hattie McDaniel)　　マミー（ハティ・マクダニエル）
母エレンにロビヤール家から同行。母エレン、スカーレット、娘ボニーと3代に渡る乳母をつとめた。オハラ家を取り仕切る大柄な黒人の使用人。

Prissy (Butterfly McQueen)　　プリシー（バタフライ・マックイーン）
オハラ家の内働きの使用人。アトランタでスカーレットの世話をする。

Pittypat Hamilton (Laura Hope Crews)　　ピティパット・ハミルトン（ローラ・ホープ・クルーズ）
メラニー、チャールズの叔母で独身。戦時中はアトランタの自宅に、メラニー、スカーレットと同居。

Charles Hamilton (Rand Brooks)　　チャールズ・ハミルトン（ランド・ブルックス）
メラニーの兄。スカーレットがアシュレーとの恋に破れ、当て付けに結婚した最初の夫。出征直後に戦うことなく肺炎で死亡。

Frank Kennedy (Carroll Nye)　　フランク・ケネディ（キャロル・ナイ）
戦後の混乱期に古道具屋で財をなす。スエレンと婚約していたが、スカーレットの策略で結婚。スカーレットの二番目の夫。ピストルで撃たれて死亡。

India Wilkes (Alicia Rhett)　　インディア・ウィルクス（アシリア・レット）
アシュレーの妹。チャールズの恋人であったが、スカーレットに奪われてからスカーレットを憎む。

Dr. Meade (Harry Davenport)　　ミード医師（ハリー・ダヴェンポート）
アトランタの医師であり名士。戦時中は負傷者の治療に精力的に携わる。

Belle Watling (Ona Munson)　　ベル・ワトリング（オーナ・マンスン）
レットの愛人で、南部を愛する心根の優しい娼婦。

目次

はじめに　　　　　　　　　　　　　　　　　　　　　　　　　3
登場人物　　　　　　　　　　　　　　　　　　　　　　　　　4

1861年　スカーレット16才　・・・・・・・・・・・　9

 Scene 01　プロローグ　　　　　『平和な日々、アシュレーへの思い』　　10
 Scene 02　パーティーへ　　　　『アシュレーを求めて』　　　　　　　　16
 Scene 03　パーティーにて (1)　『レット・バトラーとの出会い』　　　　20
 Scene 04　パーティーにて (2)　『レットの南部に対する考え』　　　　　25
 Scene 05　パーティーにて (3)　『スカーレットの告白、そしてレットは聞いていた』　30
 Scene 06　パーティーにて (4)　『南北戦争の始まり、そして結婚』　　　37
 Scene 07　チャールズの死　　　『未亡人となって』　　　　　　　　　　41

1862年　スカーレット17才　・・・・・・・・・・・　45

 Scene 08　チャリティーパーティーにて　『レットとの再会、久しぶりのダンス』　46
 Scene 09　レットの訪問　　　　『レットからの贈り物』　　　　　　　　51

1863年　スカーレット18才　・・・・・・・・・・・　55

 Scene 10　クリスマス休暇　　　『アシュレーの頼み』　　　　　　　　　56

1864年　スカーレット19才　・・・・・・・・・・・　61

 Scene 11　北軍の侵攻 (1)　　　『メラニーへの励まし』　　　　　　　　62
 Scene 12　北軍の侵攻 (2)　　　『故郷のタラへ』　　　　　　　　　　　67
 Scene 13　北軍の侵攻 (3)　　　『アトランタ炎上』　　　　　　　　　　71
 Scene 14　故郷のタラへ　　　　『レットの決心』　　　　　　　　　　　75
 Scene 15　帰郷　　　　　　　　『スカーレットの誓い』　　　　　　　　81

1865年　スカーレット20才　・・・・・・・・・・・　85

 Scene 16　終戦　　　　　　　　『南部連合の敗北、それぞれの思い』　　86
 Scene 17　戦後　　　　　　　　『惨めな生活、父の死』　　　　　　　　92

1866年　スカーレット21才　・・・・・・・・・・・・・・　97

Scene 18　レットを訪ねて (1)　『ドレスを作って』　98
Scene 19　レットを訪ねて (2)　『誘惑失敗』　102
Scene 20　フランクとの再会　『策略結婚、そして製材所経営』　108

1867年　スカーレット22才　・・・・・・・・・・・・・・　115

Scene 21　製材所経営 (1)　『アシュレーを仲間に』　116
Scene 22　製材所経営 (2)　『スカーレット襲われる』　121
Scene 23　スラム街襲撃　『レットの機転、そして再び未亡人に』　126

1868年　スカーレット23才　・・・・・・・・・・・・・・　131

Scene 24　レットからの求婚　『3度目の結婚』　132

1869年　スカーレット24才　・・・・・・・・・・・・・・　137

Scene 25　レットとの生活 (1)　『女の子（ボニー）誕生』　138

1870年　スカーレット25才　・・・・・・・・・・・・・・　143

Scene 26　レットとの生活 (2)）　『レットの悲しみ』　144

1871～72年　スカーレット26～27才　・・・・・・・・・　149

Scene 27　レットの怒り　『ボニーとロンドンへ』　150
Scene 28　レット帰宅　『妊娠と破局』　156
Scene 29　階段から落ちて　『スカーレット危篤』　160

1873年　スカーレット28才　・・・・・・・・・・・・・・　165

Scene 30　メラニーの死　『最後の頼み』　166
Scene 31　レットの決意　『別れ』　171
Scene 32　エピローグ　『新たな決意』　176

参考資料＆関連サイト		**178**
おわりに		**180**

映画関連ミニ情報

1	マーガレット・ミッチェル（1900～1949）に関して	15
2	南北戦争（1）	29
3	当時のファッション	36
4	小説の歴史的価値	40
5	映画製作の裏話（1）	44
6	映画製作の裏話（2）	54
7	日本に於ける『風と共に去りぬ』	80
8	南北戦争（2）	91
9	映画製作の裏話（3）	96
10	女性の結婚観	107
11	南部文化	114
12	人種差別について	120
13	Ku Klux Klan（KKK）（クークラックスクラン）の誕生	130
14	日本とグラント将軍	142
15	売春宿	148
16	乳母制度	155
17	映画関係者の不幸	164

注意書き

「風と共に去りぬ」は主人公スカーレット・オハラの16歳（1861年）から28歳（1873年）までを描いている。本書では、映画のストーリーを追って彼女の年齢に沿って分類した。分類の基準として、原作およびスカーレット年譜（関連サイト11：Midori's Room）を参考にしたが、原作と映画ではストーリーが異なる部分も多いため、明確に区分することは難しい。年齢と映画のストーリーの関係はあくまで参考としてご覧いただきたい。

紹介した各場面について、記したDVDビデオでのチャプターと時間はあくまで目安である。

本書は、映画の中から興味ある会話部分を抽出し紹介すると共に、それにまつわるエピソードや歴史情報をちりばめた。執筆の基礎となる情報は、後に示した参考資料や関連サイト等から入手した。歴史的事実、年代等については、正確を期すよう努力したが、掲載内容に不備、間違いがあればご指摘いただきたい。

スカーレット *16*才

写真協力 (財)川喜多記念映画文化財団

Scene 01

DVD Side A Chapter 1-5 ((はじまり〜15分))
プロローグ
『平和な日々、アシュレーへの思い』

Ashley doesn't know I love him.

アシュレーは私が彼を愛してることを知らないんだわ

ここはアメリカ南部のジョージア州クレイトン郡、アトランタから南へ約25マイル離れたタラのプランテーション（大農場）。物語は1861年4月14日から始まる。今まさに南北戦争が始まろうとしているのだが、そんなことはおかまいなしに優雅な時が流れる。タールトン家の双子の兄弟、ブレントとスチュワートから聞いたアシュレーとメラニーの結婚話だけがスカーレットの悩みの種となる。スカーレット16歳、アシュレーに恋する乙女。

There was a land of Cavaliers and Cotton Fields called the Old South...
Here in this pretty world Gallantry took its last bow...
Here was the last ever to be seen of Knights and their Ladies Fair,
of Master and of Slaves...
Look for it only in books, for it is no more than a dream remembered,
a Civilization gone with the wind...

かつて「古き良き南部」と呼ばれた、騎士と綿花の土地があった…
この美しい世界で、勇敢な者たちが最後の礼を尽くした…
ここには今では見られない、騎士や気品ある淑女、
そして主人と奴隷がいた…
記録の中にのみ残る、思い出の中の夢にすぎない、
文明は風と共に去りぬ…

騎士道の精神と綿花の収益による豊かさに溢れたこの土地を、人々はオールド・サウス「古き良き南部」と呼ぶ。奴隷解放を叫ぶ北部との関係が悪化していく中で、南部の男たちは自信に溢れ、むしろ戦争によって自分たちの主張を通すべきだと考えている。彼らはヤンキー（北部人）をばかにしており、集まれば戦争の話題で賑わう。

タラの屋敷前でタールトン兄弟（ブレントとスチュワート）がスカーレットに話しかけている。彼らは戦争の話をすることで、いかに自分が勇敢であるかを鼓舞するが、彼女はそんな事に興味はない。

 **場面 1-1** 戦争話に辟易とする 00:06:54〜00:07:06

Stuart :War! Isn't it exciting, Scarlett? Do you know those poor Yankees actually want a war? We'll show 'em.

Scarlett :Fiddle-dee-dee! War, war, war! This war talk's spoiling all the fun at every party this spring. I get so bored I could scream!

スチュアート :戦争だぜ！ワクワクしないかい、スカーレット？あの哀れなヤンキーたちが本当に戦争をしたがっているって知ってるかい？　目にもの見せてやるぜ。

スカーレット :ばかばかしい！戦争、戦争、戦争！この戦争の話で、今年の春はパーティーの楽しさが全く台無しだわ。本当にうんざりで、叫び出したい気分！

WORDS　'em: them の省略形　**Yankee:** 米国人を意味するが、当時は北部の人間あるいは北軍の軍人をさす　**fiddle-dee-dee:** ばかばかしい，ナンセンス，くだらない，ちゃんちゃらおかしい　**spoil:** 損なう，ダメにする，甘やかす　**bored:** 退屈した，飽き飽きした　**scream:** 叫ぶ

シーンの解説：原作には、Scarlett O'Hara was not beautiful, but men seldom realized it when caught by her charm as the Tarleton twins were. (スカーレット・オハラは美人というのではないが、タールトン家の双子の兄弟がそうであったように、その魅力にとらえられると、ほとんどの男がそんなことは気にならなかった) とある。フランス系貴族出身の母の優雅さと、アイルランド人である父の力強さを兼ね備えた魅力的な女性であ

11

Scene 01

る。彼女はその個性的な美貌と火のように激しい情熱で、今までに多くの男の心をとらえてきたし、男は誰でも自分の思い通りになると考えている。

　明日、ウィルクス家がトウェルブ・オークスでバーベキュー・パーティーを開く。彼らは夜の舞踏会でスカーレットをダンスの相手として独占したい。思わせぶりな態度のスカーレット。彼女の気を引こうと話題を変えて、秘密の話を持ち出すブレント。彼女は「秘密」と聞いて急に興味を示すが、内容を聞いてショックを受ける。

 秘密の話に驚くスカーレット　00:07:54～00:08:08

Brent	:How about if we tell you a secret?
Scarlett	:A secret! Who about?
Stuart	:Well, you know Miss Melanie Hamilton from Atlanta?
Brent	:Ashley Wilkes' cousin. Well, she's visiting the Wilkes' at Twelve Oaks.
Scarlett	:Melanie Hamilton, that goody-goody! Who wants to know a secret about her?
Stuart	:Well, anyway, we heard, that is, they say that…
Brent	:Ashley Wilkes is gonna marry her.
ブレント	:それじゃ、秘密の話をしようか？
スカーレット	:秘密ですって！　誰の秘密？
スチュアート	:あのね、アトランタから来たメラニー・ハミルトンって知っているだろ？
ブレント	:アシュレー・ウィルクスの従姉妹だよ。つまり彼女はトウェルブ・オークスのウィルクス家に来てるんだ。
スカーレット	:メラニー・ハミルトン。あの「よい子ぶりっこ」の！　誰が彼女の秘密なんて知りたがるっていうの？
スチュアート	:ええっと、とにかく、聞いたんだけど、つまり、うわさでは…

ブレント　　：アシュレー・ウィルクスは彼女と結婚するんだ。

WORDS　　secret: 秘密　goody-goody: 善良ぶった，よい子ぶった　gonna: going to の口語表現

シーンの解説：当時は家の格式などを考えて、いとこ同士の近親結婚がよく行われていた。今日、近親結婚が禁止されているのは、遺伝子の欠陥による問題が明らかになったことによる。DNA の二重螺旋構造で知られるように、人間は 2 本一組の遺伝子をもっている。それは父親と母親の双方からそれぞれ受け継ぐものであるが、どちらか一方のある箇所に突然変異による欠陥があっても、もう一方が正常なら他方の欠陥を補うことで、一般的には大きな問題にはならない。しかし、双方の同じ箇所に欠陥があれば、遺伝病として発症し、病弱であったり、精神障害の原因となる。両親が近親者である場合、先祖代々引き継がれた遺伝子は、同じ箇所に欠陥がある確率が高い。すなわち、異常児の生まれる確率が高くなるのである。

　アシュレーの結婚話は彼女を動転させる。スカーレットは密かにアシュレーに恋い焦がれており、アシュレーも彼女に気があるはずだと思っているからだ。今まで思いのままに甘やかされてきた彼女が味わう初めての挫折感である。ぼう然として 2 人をほったらかして歩き出す。マミーが二階から叫ぶ声も耳に入らない。It can't be true. Ashley loves me!（そんなはずないわ。アシュレーは私を愛してるのよ！）

　夕方になり、父ジェラルドの帰りを出迎えるスカーレット。父から話の真相を聞かなければならない。ジェラルドはさっそうと馬に乗り、小川を渡り、柵を跳び越えて帰ってくる。アシュレーとメラニーの結婚話はジェラルドも知っていた。ジェラルドは、スカーレットがアシュレーを好きだとしても、彼女にはアシュレーはふさわしくないと言う。父親としての直感から、2 人の性格や考え方の違いは 2 人を幸せにしないと思っている。

　ジェラルドは彼女を丘の方に連れて行き、タラを見渡し、土地こそが守るべき価値のあるただひとつのものだと言う。アイルランド人の血を引く者にとっては、住んでいる土地は母親のようなもの。彼の死後は長女のスカーレットに土地を譲り繁栄させて欲しいと願う。若い彼女にはまだその意味が分からないが、この時の父の教えが将来、彼女の支えとなっていく。

Scene 01

 **場面 1-3**　土地への思い　00:11:44～00:12:00

Gerald　:And when I'm gone, I'll leave Tara to you.

Scarlett　:I don't want Tara. Plantations don't mean anything when...

Gerald　:Do you mean to tell me, Katie Scarlett O'Hara, that Tara, that land doesn't mean anything to you? Why, land is the only thing in the world worth working for, worth fighting for, worth dying for, because it's the only thing that lasts.

ジェラルド　:そして、わしが死んだら、タラをおまえに残してやろう。

スカーレット　:私はタラなんか欲しくない。　農園なんか何の意味もないわ、たとえ…

ジェラルド　:ケイティ・スカーレット・オハラ！　タラが、あの土地がおまえにとって何の意味もないというのか？　何を言っている。土地は、その為に働き、その為に戦い、その為に死ぬ価値のある、世の中で唯一のものだ。なぜなら、それは永遠に続く唯一のものだからだ。

WORDS

leave: 残す，任せる　　**plantation:** プランテーション，(大)農場　　**mean to:** ～するつもり　**why:** なぜ，おや，まあ，もちろん　　**in the world:** 世の中で，まったく　　**last:** 続く

シーンの解説：アイルランド人は、かつては自分たちの所有していた土地をイギリス人に奪われて小作人になってしまったという歴史から、土地に対する執着心が強い。原作によると、ジェラルドも21歳の時にアメリカに渡ってからは、土地を手に入れて農園主になりたいと強く願っていた。ある時、サヴァナの酒場でジョージア州中部の土地を所有する男に出会ったジェラルドは、さしでポーカーをして勝負に勝ち、その土地を手に入れることができた。そして当初は荒廃していたその土地を開墾して綿花を栽培し、白煉瓦の家を建て、タラを作り上げた。

日が暮れると母エレンが帰宅し、マミーが忙しそうに立ち回る。家族全員でお祈りが始まる。スカーレットは落ち込んでいたが、生来自信家で楽観的な性格の彼女はすぐに立ち直っ

14

て、明日のパーティーでアシュレーに愛の告白をすることを決心する。Ashley doesn't know I love him. I'll tell him that I love him, and then he can't marry her.（アシュレーは私が彼を愛してることを知らないんだわ。彼に愛していると告げよう。そうすれば、彼は彼女（メラニー）と結婚するはずがない）

マーガレット・ミッチェル(1900〜1949)に関して

　小説『風と共に去りぬ』は南北戦争とその戦後の復興期を描く叙事詩的物語である。ミッチェルはクレイトン郡に住む親戚のフィッツジェラルド家を小説のモデルにしたと言われている。また、彼女自身の実生活がスカーレットのそれと重なる部分も多く、スカーレットに劣らず情熱的で恋多き女性だった。例えば、彼女自身が、18歳の時に恋をし、生涯の恋人と考えたクリフォード・ヘンリーは、アシュレー・ウィルクスのモデルである。彼は小説の中のアシュレーと同様に知性と美貌を兼ね備えていた。ヘンリーは彼女と結ばれることなく第一次世界大戦中にドイツ戦線で戦死した。その後ミッチェルはレット・バトラーの面影を持つレッド・アップショーと結婚する(1922年)。彼には性的魅力があった。しかしスカーレットがアシュレーを忘れられなかったように、ミッチェルもヘンリーを忘れられない。苛立つレッドは飲酒し彼女に暴力を振るった。結局レッドとは2年後に離婚。ミッチェルはその後アトランタ・ジャーナル社の記者となり、翌年にはジョン・マーシュと2度目の結婚をする。『風と共に去りぬ』の発表後は、周りの期待やプレッシャーに負けてか、次作を発表することなく、1949年8月16日に交通事故が原因でこの世を去った。

　当初ミッチェルは小説の主人公の名前を「パンジー」にしようと考えたが、同性愛を連想させると聞き、「スカーレット」に改めた。「スカーレット」には「ふしだらな女」という意味もある。また当初 "Tomorrow is Another Day" という題名が、マクミラン社の編集長ハロルド・レイサムの進言で "Gone with the Wind" に改められた。小説は各国語に翻訳されて2800万部売れた。聖書に次ぐロングベストセラーである。

Scene 02

DVD Side A Chapter 6-7（15分〜21分）
パーティーへ『アシュレーを求めて』

I've got something I must tell you.

話があるの

お気に入りのドレスを着てウィルクス家のパーティーに出かける。人気者のスカーレットは男たちみんなの気持ちを虜にするが、アシュレーには彼女のマジックが効かない。アシュレーへのあてつけから、回りの男たちに思わせぶりな態度をとる。

乳母マミーの助けを借りて17インチ（43センチ）のウエストをコルセットで締め上げるスカーレット。当時、細いウエストは美女の象徴であり彼女の自慢である。せっかくのバーベキューだが、淑女は殿方の前でがつがつ食べてはいけない。そのためにはまず、食事をすませてから出かけるのが当時の習慣である。食事を勧める乳母のマミーに、「アシュレーはパーティーでも元気よく食べる女の子が好きだと言った」と反抗するが、頭の良いマミーに切り返される。痛いところをつかれて悔しがるスカーレットと、してやったりといったマミーの表情が印象的である。

 紳士の本音　00:16:52〜00:17:05

Scarlett ：Fiddle-dee-dee! Ashley Wilkes told me he likes to see a girl with a healthy appetite.

Mammy :What gentlemen says and what they thinks is two different things. And I ain't noticed Mist' Ashley askin' for to marry you!

スカーレット :ばかばかしい！　アシュレー・ウィルクスは食欲の盛んな女の子を見るのが好きだと言っていたわ。

マミー :殿方が言うことと、考えていることは違いますよ。それに、アシュレー様があなたに求婚しているとは聞いていませんし。

WORDS

healthy appetite: 盛んな食欲　**gentlemen says:** 複数形の主語に三人称単数の "s" がついているのは文法的にはまちがっているが、南部の英語は文法を無視するケースが多い。**two different things:** 異なる　**ain't:** この場合は am not の意味。am not, is not, are not の短縮形。無教養者の言い方と言われているが、スラングとして一般的にも使われることも多い。　**be noticed:** 通知を受ける、聞いている　**Mist':** = Mr.　**askin':** = asking

シーンの解説： 結婚前の女性は弱々しく振る舞うことが美徳とされた。それに反抗するスカーレットの言葉を原作から引用すると、I'm tired of acting like I don't eat more than a bird, and walking when I want to run and saying I feel faint after a waltz, when I could dance for two days and never get tired. (鳥ほども食べられないように振る舞ったり、走りたいときに歩かなければならなかったり、二日間踊り続けることができるような時にでも、ワルツを一曲踊っただけで疲れて気絶しそうだと言わなければならないことにうんざりだわ)

　スカーレットは、マミーの心配をよそに、緑の花模様をあしらったお気に入りのドレスでパーティーに出かける。
　パーティー会場のトウェルブ・オークスに着いたスカーレット。男性からはいつも注目を浴びるものの、誰彼かまわず色目を使う彼女は、同性からはすこぶる評判が悪い。彼女は真っ先にアシュレーを探し求める。階段に彼を見つけて駆け寄り、自分の思いを伝えようとするが、彼の方からメラニーを紹介されて出鼻をくじかれる。

Scene 02

 **場面 2-2** アシュレーを見つけて話しかける 00:19:10〜00:19:26

Scarlett :I've been looking for you everywhere. I've got something I must tell you. Can't we go someplace where it's quiet?

Ashley :Yes, I'd like to, but I... I have something to tell you, too. Something I... I hope you'll be glad to hear. But come say "hello" to my cousin, Melanie, first.

スカーレット ：あなたを捜し回っていたわ。あなたに言わなければならないことがあるの。2人でどこか静かな所にいけないかしら？

アシュレー ：もちろん、そうしたいよ。でも僕は···僕も君に話したいことがあるんだ。つまり、ええっと···君も聞けば喜んでくれると思うよ。でも、最初にいとこのメラニーにあいさつしてやってくれ。

 **look for:** 捜す，期待して待つ

　スカーレットは、たくさんの男たちの気持ちを虜にするが、肝心のアシュレーをひきつけることができない。メラニーに対する嫉妬と怒りがスカーレットにわき起こる。アシュレーへの当てつけもあり、チャールズ・ハミルトンはじめ、フランク・ケネディやタールトン兄弟に思わせぶりな台詞を投げ掛ける。

 **場面 2-3** 思わせぶりな態度 00:20:33〜00:20:58

Scarlett :Charles Hamilton, I want to eat barbecue with you. And mind you, don't go philandering with any other girl, 'cause I'm mighty jealous.

18

Gone with the Wind

Charles	:I won't, Miss O'Hara. I couldn't!
Scarlett	:I do declare, Frank Kennedy, if you don't look dashing... with that new set of whiskers!
Frank	:Oh, thank you, thank you, Miss Scarlett.
Scarlett	:You know, Charles Hamilton and Rafe Calvert asked me to eat barbecue with them... but I told them I couldn't because I'd promised you.

スカーレット	:チャールズ・ハミルトンさん、あなたと一緒にバーベキューを食べたいわ。そして、念のためにいっておくけど、他の女の子たちといちゃついてどこかに行かないでね。私はとても嫉妬深いから。
チャールズ	:もちろんそんなことはしません、オハラさん。できません！
スカーレット	:フランク・ケネディさん、新しい頬髭がかっこよくて見違えました（もし新しい頬髭がさっそうとしていなかったら、フランク・ケネディさんだとハッキリ分かるんだけど）。
フランク	:ああ、ありがとう、ありがとう、スカーレットさん。
スカーレット	:ところで、チャールズ・ハミルトンとレイフ・カルバートがバーベキューを一緒に食べようと私を誘ったけど…でもあなたと約束したからできないわと言いました。

WORDS　**mind you:** 念のために言っておくけど，いいかいよく聞けよ　**philander with:** いちゃつく，浮気をする　**mighty:** とても，非常に　**jealous:** 嫉妬深い　**declare:** 断言する　**dashing:** さっそうとした，派手な　**whiskers:** 頬髭　**you know:**（文頭に使って）ご存知でしょうが，あのね，ねえ，ところで　**promise:** 約束する

シーンの解説：スカーレットが愛嬌を振りまいているチャールズは、アシュレーの妹インディアの婚約者（原作ではインディアの姉ハニーの婚約者だが、映画ではハニーは出てこない）で、フランクはスカーレットの妹スエレンの恋人である。また、双子の兄弟の一人、ブレントは妹キャリーンが密かに思う相手である。

Scene 03

DVD Side A Chapter 8-9 (21〜25分)
パーティーにて（1）
『レット・バトラーとの出会い』

That's Rhett Butler.

あれがレット・バトラーよ

階段を上り二階へ向かうスカーレットは、突然自分を見つめる熱い視線に気づく。レット・バトラーとの最初の出会いである。場面は変わって、アシュレーとメラニーが見つめ合い語り合う。2人は典型的南部紳士と典型的南部淑女というお似合いのカップルだ。スカーレットはたくさんの男性に囲まれてちやほやされているが、彼女が本当に求めているのはアシュレーである。

スカーレットがキャスリンと一緒に階段を上っていると、階下から彼女を熱く見る男がいる。彼の名はレット・バトラー。2人の運命的な出会いの瞬間である。彼のニヤニヤした笑いは、彼女の下心を見透かしたようでもあり、また、彼女が今まで手玉にとってきたウブな男たちとは全く違った危険な雰囲気をかもし出している。

 レット・バトラーの視線　00:21:40〜00:22:01

Scarlett　:Cathleen, who's that?

Cathleen　:Who?

20

Scarlett :That man looking at us and smiling. That nasty, dark one.

Cathleen :My dear, don't you know? That's Rhett Butler. He's from Charleston. He has the most terrible reputation.

Scarlett :He looks as if, as if he knows what I look like without my shimmy!

スカーレット :キャスリン、あの人は誰？

キャスリン :どの人？

スカーレット :私たちを見てニヤニヤ笑っているあの人よ。あの嫌な、浅黒い奴。

キャスリン :まあ、知らないの？あれはレット・バトラーよ。チャールストン出身の。彼はとっても評判が悪いの。

スカーレット :彼はまるで、裸の私を知っているみたい（下着を着けていない私がどんなか知っているみたい）。

WORDS nasty: 嫌な、汚い、不快な、わいせつな　dark: 暗い、肌の浅黒い、陰気な、邪悪な　terrible: ひどい、ものすごい　reputation: 世間体、評判　shimmy: (俗)シミーズ (chemise)、婦人用肌着

シーンの解説：レットの噂の中で、とりわけスカーレットの興味を引いたのは、女性とのスキャンダルの話である。映画では詳しくは述べられていないが、原作によると、一緒に朝帰りした娘との結婚を拒み、娘の兄と決闘になり、兄を撃ち殺している。

　キャスリンの話では、チャールストン出身のレットは恐ろしく評判が悪い。身内からも相手にされず、北部のウエスト・ポイント士官学校からも放校されている。チャールストンにもいられなくなり、社交界から締め出されたとのことだが、綿花のビジネスでは成功している。
　パーティーでは、常に寄り添っているアシュレーとメラニーの2人。婚約発表を前に、見つめ合い愛を語る。2人が幸せを感じるひととき。

Scene 03

 愛を語るアシュレーとメラニー　00:22:27〜00:23:01

Ashley	:Happy?
Melanie	:So happy!
Ashley	:You seem to belong here... as if it had all been imagined for you.
Melanie	:I like to feel that I belong to the things you love.
Ashley	:You love Twelve Oaks as I do.
Melanie	:Yes, Ashley. I love it as... as more than a house. It's a whole world that wants only to be graceful and beautiful.

アシュレー	:幸せかい？
メラニー	:とっても幸せよ！
アシュレー	:君はここ（トウェルブ・オークス）にふさわしい…あたかも全てが君の為に作り上げられたかのように。
メラニー	:あなたが愛しているもの（トウェルブ・オークス）にふさわしいと感じることができるのはうれしいわ。
アシュレー	:君は僕と同じようにトウェルブ・オークスを愛しているんだね。
メラニー	:そうよ、アシュレー。愛しているわ…単に家ということ以上にね。それは優雅で美しくあってさえくれればよいと願う全ての世界なのよ。

WORDS　**belong**: 属する，ふさわしい，なじんでいる　**imagine**: 想像する，心に描く，イメージを描く　**more than**: 単に〜だけではなく，以上に　**graceful**: 優美な，上品な，優雅な

シーンの解説：原作でのメラニーの描写は She looked, and was, as simple as earth, as good as bread, as transparent as spring water.（大地のように単純で、パンのように善良で、湧き水のように澄んでいる。彼女はその様に見えたし、実際にそうであった）。彼女は小柄で目立たない平凡な容姿だが、正直で心優しく不思議に人を惹きつける気品を

備えている。さらに恋は女性を美しく魅力的にする。普段は "plain"(飾り気がなく、地味で平凡)な顔つきのメラニーがアシュレーを見るときには、瞳が輝きハッとするような美しい表情を見せる。

当時、土地が財産の基本であり、自分の農園を守り発展させることが彼らの使命と考えられていた。タラがオハラ家の象徴であったように、トウェルブ・オークスはウィルクス家の象徴である。メラニーがアシュレーに嫁ぐということは、彼女が今後、トウェルブ・オークスの一員として農園を盛り立てていくことを意味する。彼女にはその覚悟ができている。

アシュレーとメラニーがほのぼのとした静かな2人の世界を楽しんでいるのに対して、スカーレットは屋外のベンチに座り、たくさんの取り巻きに囲まれている。男たちは競って彼女に話しかけ、食べ物やデザートを勧める。デザートの運び役としての幸運をゲットしたのはチャールズ・ハミルトン。スカーレットはアシュレーの気を引こうと、わざと大声で話したり、はしゃいだりするが、アシュレーはまったく気にかけない。派手に振る舞ってはいても、彼女の憂鬱は募るばかりである。

 木の下で男たちに囲まれて　00:23:26～00:24:01

Scarlett	:Ah, isn't this better than sitting at a table? A girl hasn't got but two sides to her at a table.
Brent	:I'll go get her dessert.
Stuart	:Here, she said me.
Charles	:Allow me, Miss O'Hara.
Scarlett	:I think... Hmm... I think Charles Hamilton may get it.
Charles	:Oh... Oh, thank you, Miss O'Hara! Thank you.
Stuart	:Go get it. Isn't he the luckiest...?

Scene 03

スカーレット	:ねえ、テーブルに座っているよりこっちの方がよくない？　（女の子にとって）テーブルだと両側に（2人の男性）しか座ってもらえないから。
ブレント	:彼女にデザートを持ってくるよ。
スチュアート	:おい、彼女は僕に言ったんだ。
チャールズ	:僕にやらせてください、オハラさん。
スカーレット	:そうね…ええっと…チャールズ・ハミルトンさんにお願いしようかしら。
チャールズ	:おお…おお、ありがとう、オハラさん！ありがとう。
スチュアート	:早くとってこい。彼が一番の幸せ者かな…？

 **allow me:** おまかせください，私にやらせてください

　アシュレーとメラニーが仲良くよりそって歩いているのを見たとたん、スカーレットの食欲はなくなり、チャールズの運んできたデザートを食べることができない。

　バーベキューが一段落すると、女性たちは昼寝をしに部屋へ入っていく。パーティーは朝から始まって深夜の舞踏会まで続く。この地方では、淑女は、夜の部に備えて昼寝をするのが習慣となっている。

Scene 04

DVD Side A Chapter 10 (25〜28分)
パーティーにて（2）
『レットの南部に対する考え』

All we've got is cotton and slaves and arrogance.

我々が持っているのは、綿と奴隷、そして傲慢さだけです

南部の男たちが戦争への憧れと勝利への確信に酔いしれる中、現実主義者でニヒリストのレットは、南北戦争が勃発すれば、南部に勝ち目が無いことを冷静に解説する。愛国心を傷つけられた男たちは激怒するがレットは意に介さない。表現の仕方は違っても、アシュレーもレットと同じ危惧を抱く。

昼寝から抜け出してアシュレーを探しに階段を下りてきたスカーレットは食堂からの話し声を聞く。女たちが昼寝をしている間にも、男たちは集まって酒を飲みながら議論している。話の輪の中心にいるのは、スカーレットの父、ジェラルド・オハラ。話題はもちろん緊迫している北部との戦争のことである。ジェラルドをはじめ、ほとんどの男たちは戦争賛成論者で、武力によって北部を簡単にやっつけられると考えている。

 気勢を上げる男たち　00:26:04〜00:26:20

Gerald ：The situation is very simple. The Yankees can't fight and we can.
Men ：You're right.

Scene 04

Stuart	:There won't even be a battle. That's what I think. They'll just turn and run every time.
Charles	:One Southerner can lick 20 Yankees.
Stuart	:Ah, we'll finish them in one battle. Gentlemen can always fight better than rabble.
ジェラルド	:状況は極めて簡単だよ。ヤンキーは戦えないが我々は戦える。
男たち	:その通りだ。
スチュアート	:まともな戦闘にはならないよ。そう思う。奴らは、毎回、退却して逃げるだけさ。
チャールズ	:一人の南部人は20人のヤンキーをやっつけられる。
スチュアート	:ああ、一回の戦闘で奴らを終わらせるだろう。紳士はいつでも烏合の衆より上手に戦うことができる。

WORDS　　situation: 状況, 情勢　**battle:** 戦い　**turn and run:** 向きを変えて逃げる
lick: 打ち負かす, やっつける　**finish:** 終わらせる, 片付ける　**rabble:** やじうま, 烏合の衆

　アシュレーは彼の意見を聞かれて、Most of the misery of the world has been caused by wars. (世界の悲劇の大部分は戦争が原因である) という。できる限り戦争は避けるべきだとの考えに、血気盛んな若者たちからは抗議の声が沸き起こる。次にジェラルドはレットにも意見を求める。レットは北部での生活経験がある。冷静な状況分析から、北部には兵器工場や造船所があり、戦争の装備ははるかに勝っていると主張する。言葉や心意気だけでは戦争に勝てない。更に南部人は世間知らずで傲慢だと言い切る。それを聞いた男たちは激怒し、彼を裏切り者と決めつける。

 レットの考え　00:27:04〜00:27:31

Charles　　:Are you hinting, Mr. Butler, that the Yankees can lick us?

26

Gone with the Wind

Rhett :No, I'm not hinting. I'm saying very plainly that the Yankees are better equipped than we.

:They've got factories, shipyards, coal mines... and a fleet to bottle up our harbors and starve us to death.

:All we've got is cotton and slaves and arrogance.

Stuart :That's treacherous!

Charles :Sir, I refuse to listen to any renegade talk!

Rhett :Well, I'm sorry if the truth offends you.

Charles :Apologies aren't enough, sir.

チャールズ :バトラーさん、あなたは北軍が我々を打ち負かすことができると言っているのですか？

レット :いいえ、そう言っているのではありません。私は、率直に、北軍は我々より装備が整っていると言っているのです。

:彼らは工場、造船所、炭坑…そして我々の港を封鎖し餓死させることができる艦隊を持っています。

:我々が持っているのは、綿と奴隷、そして傲慢さだけです。

スチュアート :それは裏切り行為だぞ！

チャールズ :そんな反逆的な話は聞きたくない。

レット :なるほど、真実を聞いて気に障ったならお詫びします。

チャールズ :謝るだけじゃ不十分だ。

WORDS

hint: 遠回しに言う，ほのめかす　**plainly**: 明らかに，率直に，はっきりと　**equip**: 装備する，支度する　**factories**: 工場　**shipyard**: 造船所　**coal mine**: 炭坑　**fleet**: 艦隊　**bottle up**: 封鎖する　**harbor**: 港　**starve to death**: 飢え死にする，栄養不足で死ぬ　**arrogance**: 傲慢，横暴　**treacherous**: 不誠実な，裏切りをする，信用できない　**renegade**: 裏切りの，反逆的な　**offend**: 機嫌を損ねる，怒りを買う　**apology**: 詫び，謝罪

Scene 04

シーンの解説：当時、人口で北部は南部の2倍、工業生産力においても北部が圧倒していた。また食料の生産力も北部が勝り、南部が勝っていたのは、レットが言ったように綿花の生産だけであった。冷静に考えれば、北部が有利なのは間違いないが、南部には、リー将軍をはじめ、過去に外国との戦いで功績を挙げた戦上手の将官が多く、南部の男たちが自慢するように、質的には南軍が優れていたのも事実である。

　他の南部人たちを怒らせたことに対してレットは素直に謝る。チャールズからの個人的な中傷に対しても重ねて詫びることで騒ぎが大きくなるのが避けられる。レットは射撃の名手であり、もし決闘にでもなっていれば撃ち殺されていたのはチャールズの方であろう。レットは人々の前で、丁寧すぎるぐらい優雅なおじぎをしてから部屋を出ていく。その仕草は、礼儀正しいというよりは、人々をばかにして見下したような不愉快さが感じられる。

南北戦争（1）

　民主主義の成熟に伴い、北部での人道主義的な立場から人種差別、奴隷制度を撤廃しようとする動きが起こった。これに対して南部同盟が連邦脱退を図ろうとしたことで南部と北部が対立した。また、ハリエット・ストウによって書かれた『アンクル・トムの小屋』(1852年)によって奴隷制度の残酷さが北部に伝えられたことが戦争のきっかけになったと言われている。

　南北戦争は1861年4月12日に、南部同盟が連邦政府軍の占拠するサムター要塞(チャールストン)を攻撃したことから始まる。映画にもあるように、当時の南部は北部を軽視しており、簡単に戦争に勝利すると考えていた。しかし冷静にみれば、2倍の人口を有し、工業生産力に勝る北部が有利なのは間違いない。戦争は、最初は南軍が優勢だったが、海軍力をほとんど持たない南部は港湾を封鎖され綿花の輸出を止められると、軍需品や生活必需品の輸入ができなくなり、形勢が逆転した。ペンシルベニア州ゲティスバーグの戦闘(1963年7月1日から3日間)が決め手となり北軍の勝利がほぼ確定した。その後、北軍のシャーマン将軍はアトランタを陥落させ(1864年8月)、大西洋岸のサヴァナまで兵を進める「海への進軍」で南部の街を焼き尽くした。1865年4月9日にリー将軍が降伏し(アポマトックス)、4年間続いた南北戦争が終結に向かった。しかし北軍の大統領であるリンカーンは南北戦争に勝利した直後の4月14日に暗殺された。暗殺者の名前はジョン・ウィルクス・ブース。原作者のミッチェルが意識したかどうかは不明だが、戦時中に死んだアシュレーの父、ジョン・ウィルクスと同名である。

Scene 05

DVD Side A Chapter 11 (28〜32分)
パーティーにて（3）
『スカーレットの告白、そしてレットは聞いていた』

I love you, I do!

あなたを愛してる、本当よ！

「アシュレーがメラニーと結婚するのは、アシュレーが私の気持ちを知らないからだ。私が彼を愛していることを知れば、私と結婚するはず」。スカーレットはアシュレーを見つけて自分の気持ちを告白する。アシュレーもスカーレットに好意を抱いているが、恋愛と結婚は違うと考える。アシュレーはメラニーと結婚することをハッキリ告げる。スカーレットは、アシュレーが部屋から出た後、誰も居ないと思っていた部屋にはレットがいて、全てを聴いていたことを知る。レットは彼女の動揺を楽しんでいる。

　スカーレットはアシュレーと2人きりになりたかったが、彼は、食堂での戦争の議論に参加しており、他の男たちに気づかれることなく彼に話しかけるのは難しい。戦争賛成の意見が盛り上がり、白熱した議論は果てしなく続くように思われたが、レットの傍若無人な意見に水を差され、一旦場が白けてしまう。ちょうど良いタイミングでひとり食堂を出てきたアシュレーにスカーレットは声をかける。

 アシュレーを見つけて　00:28:41〜00:29:04

Scarlett ：Ashley! Ashley!

Gone with the Wind

Ashley　:Scarlett! Who're you hiding from in here?

Scarlett　:Uh...

Ashley　:What are you up to?

　　　　:Well, why aren't you upstairs resting with the other girls?

スカーレット　：アシュレー！アシュレー！

アシュレー　　：スカーレット、こんなところで誰から隠れているの？

スカーレット　：えーと…

アシュレー　　：何を企んでいるんだい？

　　　　　　　：ねえ、他の女の子たちと一緒に二階で休まないのかい？

　hide from: 隠れる　up to: もくろんでいる、企んでいる、計画している

シーンの解説：当時プロポーズは男からするのが常識であったから、淑女に必要とされる恋のテクニックは、いかにして好きな相手からプロポーズの言葉を引き出すかにある。当然スカーレットもアシュレーから愛の告白をさせるための作戦を考えていたのであろうが、彼を目の前にして頭の中が真っ白になってしまった。

　スカーレットは誰もいない書斎にアシュレーを招き入れる。背後のドアを閉めて彼を見つめる。ほおはバラ色に紅色し、その目は彼が今までみたことのないほど熱い輝きを帯びている。彼女は何か喋ろうとするが緊張で言葉が出てこない。アシュレーが冗談めかして「秘密の話かい？」と尋ねると、堰を切ったように話しはじめる。淑女たるべきと教えられた母エレンの訓辞も吹き飛び、父ジェラルドの血による単刀直入な言葉が口からほとばしる。

　「アシュレーも私を愛している」。スカーレットの思いは間違ってはいない。何とか逃れようとする彼を追いつめて、彼女はその言葉を聞きだす。スカーレットの魅力に激しく惹かれながらも、アシュレーは２人の性格の違いを認識しており、愛情だけでは幸福な結婚はできないと言う。しかし、メラニーとはよく似ており、お互いに理解し合える。

31

Scene 05

 **場面 5-2** スカーレットの告白 00:29:01〜00:30:00

Scarlett :Oh, Ashley. Ashley. I love you.

Ashley :Scarlett!

Scarlett :I love you, I do!

Ashley :Well, uh, isn't it enough that you've gathered every other man's heart today? You've always had mine. You cut your teeth on it.

Scarlett :Oh, don't tease me now. Have I your heart, my darling? I love you, I love you.

Ashley :You mustn't say such things. You'll hate me for hearing them.

Scarlett :Oh, I could never hate you, and… and I know you must care about me. Oh, you do care, don't you?

Ashley :Yes… I care. Oh, can't we go away and forget we ever said these things?

Scarlett :But how can we do that? Don't you… Don't you want to marry me?

Ashley :I'm going to marry Melanie.

スカーレット :おお、アシュレー、アシュレー。あなたを愛してる。

アシュレー :スカーレット！

スカーレット :あなたを愛してる。本当よ！

アシュレー :ええっと、そのー、君は今日、他の全ての男たちの心をつかんでおきながら、まだ足りないの？ 君はいつも僕の心をつかんでいる。君はそれ（男心をつかむこと）が小さい時からの習慣になってるんだね。

スカーレット :まあ、こんな時にからかわないで。ねえ、私はあなたの心をつかんでいるの？ あなたを愛しているわ。あなたを愛している。

32

アシュレー	：そんなことは言うべきじゃない。僕がそれを聞いたことで、僕を憎むようになるよ（軽々しいことを言うと後で後悔する）。
スカーレット	：ああ、あなたを憎むことなんかあり得ないわ。そして…そしてあなたが私に好意をもっているのは分かっているわ。ああ、あなたは私が好き。そうでしょ？
アシュレー	：そうだ…君のことは好きだ。さあ、もうここから出て、今の会話は全て忘れてしまわないか？
スカーレット	：でもどうしてそんなことができるの？　あなたは…あなたは私と結婚したくないの？
アシュレー	：僕はメラニーと結婚するんだ。

WORDS　gather: 集める　cut one's teeth on: ～に小さい時から慣れる、～で最初の経験を積む　tease: からかう，冷やかす，いじめる　hate: 嫌う，憎む　care about: 好意を持つ，気にかける，心配する，大切に思う　go away: 出ていく，退場する

シーンの解説：スカーレットの特徴は、相手の気持ちを考えずに、一方的に自分の主張を押しつけることである。原作では、アシュレーへの思いを以下のように表現している。Why was he so handsomely blond, so courteously aloof, so maddeningly boring with his talk about Europe and books and music and poetry and things that interested her not at all, and yet so desirable?（彼はなぜそんなにも素晴らしいブロンドなの、なぜそんなにも礼儀正しく気高いの、それでいて、なぜ彼の語るヨーロッパのことや本のことや詩のことなどは彼女の興味を全くひかないで気が狂うぐらいつまらないのかしら。それでいて、どうしてそんなにも魅力的なのかしら）。結局スカーレットは恋に恋しているだけである。

　愛しているのにどうして結婚できないのかスカーレットには理解できない。逆上した彼女は彼に罵声を浴びせ、力いっぱい平手打ちを食らわせる。アシュレーは何も言わず静かに部屋をでて行く。急に彼女はだいそれた自分の行動に気づくが、再び怒りがこみ上げてくる。当時、プロポーズは男性からするものと決まっていたので、女性から直接言い寄ることは、はしたないことだ。一大決心をして気持ちを打ち明けたにもかかわらず、それを拒否されたのでは気が収まらない。

屈辱感と自尊心を傷つけられたことに対する怒りから、スカーレットは、近くにあった陶器の花瓶を手に取り、部屋の奥にある暖炉に向かって思いっきり投げつける。花瓶が割れて大きな音を立てた直後、近くのソファーから口笛と共に、レット・バトラーが姿を現す。彼は先客として書斎のソファーで休んでおり、会話の一部始終を聞いていた。彼の第一声は「戦争が始まったのか？」

 レットは聞いていた　00:31:23〜00:32:09

Rhett　　:Has the war started?

Scarlett　:Uh. Sir, you... you should have made your presence known.

Rhett　　:In the middle of that beautiful love scene? That wouldn't have been very tactful, would it? But don't worry, your secret is safe with me.

Scarlett　:Sir, you are no gentleman!

Rhett　　:And you, Miss, are no lady.

Scarlett　:Oh!

Rhett　　:But don't think that I hold that against you. Ladies have never held any charm for me.

Scarlett　:First you take a low, common advantage of me, then you insult me.

Rhett　　:I meant it as a compliment and I hope to see more of you... when you're free of the spell of the elegant Mr. Wilkes.

　　　　　　:He doesn't strike me as half good enough for a girl of your, uh, what was it? Your "passion for living."

Scarlett　:How dare you! You aren't fit to wipe his boots.

Rhett　　:And you were going to hate him for the rest of your life.

34

レット　　　：戦争が始まったのか？

スカーレット：まあ、あなた、あなた…いらっしゃったのなら、おっしゃるべきだわ。

レット　　　：あの、素晴らしいラブシーンの途中で？それはあまり気が利かないじゃないか？でも心配無用。君の秘密は守るよ。

スカーレット：あなた、あなたは紳士じゃないわ。

レット　　　：そして君は淑女じゃないね。

スカーレット：まあ！

レット　　　：しかし、君に反感を抱いていると思わないでくれ。俺にとっては、淑女なんてものは何の魅力もない。

スカーレット：まず、卑劣で下品なやり方で弱みにつけこんで、そして私を侮辱するのね、

レット　　　：褒め言葉のつもりだったんだ。そして、もっと君を見てみたい…。上品なウィルクス氏の魔法から解き放たれた時の君を。

レット　　　：彼は君のような女性に比べれば、半分ほどの印象も与えないね。君の、えーと、何だっけ？「生きていくための情熱」だっけ。

スカーレット：よくもそんなことを！あなたは、彼の靴磨きほどにも値しないわ。

レット　　　：そして君は彼をこれから一生憎むんだっけ。

WORDS　make one's presence known: 存在を知らせる　tactful: 気を利かした, 気転の利く　take advantage of: たくみに利用する, 弱みにつけ込む　insult: 侮辱する　compliment: 褒め言葉, お世辞　spell: 魔力, 魅力　strike: 印象を与える, 感動させる　How dare you!: よくもそんなことを！よくもまあ！信じられない！　for the rest of your life: これから一生のあいだ

シーンの解説：男性は紳士（gentleman）たるべきであり、女性は淑女（lady）たるべきであるというのが上流社会の教えである。そうでは無いと言われることが一番の恥と考えられていた。

スカーレットは驚きのあまり一瞬声がでないが、すぐに勝ち気な性格を取り戻し、できるだけ威厳を保って対応しようとする。それに対してレットは、にやにや笑いながら軽く受け流す。彼女にとっては一生の不覚というべき事態であったが、彼はこの事件以来、彼女にひど

Scene 05

く興味を感じ、以後スカーレットの人生に大きな影響を与えていくことになる。彼にとっては、自分の感情を抑えてしとやかに振る舞う淑女というものが退屈な存在であり、気性は激しくとも本音で語る情熱的な女性に魅力を感じる。

NO. 3

当時のファッション

　ヨーロッパのロマン主義の影響をうけて、当時、理想の女性像といえば「か弱く憂愁に悩む姿」であった。活発な女性は下品とされて、青白く病的な雰囲気が好まれた。ロマンティック・スタイルとは、コルセットでウエストを細く見せ、スカートを膨らませたワンピース型のドレスを着用し、膨らみをもった袖、大きなリボン飾り、頭に被ったボンネットなどが特徴である。ウエストを細くするために一番下の肋骨を抜いてしまう女性もいたらしい。貧血気味で、すぐに気を失うことも魅力のひとつである。こうなるとファッションも命がけだ。スカートを膨らませるのは、細いウエストを強調するためであり、当初ペティコートを重ねる方法がとられた。しかし19世紀中頃にはクリノリンと呼ばれる、鯨ひげや針金を使って型くずれしない下着が開発され、簡単にドーム型のシルエットが得られるようになった。また、バッフル・スタイルというヒップの後ろ上部を膨らませてヒップを強調し、腰高で足長に見せるスタイルも登場した。コルセットが最も締め付けられた時代である。

　また、19世紀中頃には産業革命による紡績機の発達、ミシンの発明や合成染料の発見があった。アメリカで服の機械生産技術が向上したのは、南北戦争の軍服の大量生産に利用されたからだと言われている。しかしサイズが規格化され、ゆったり目に作られた既製服は、ウエストの線を強調したい上流階級の淑女たちには評判が悪かったらしい。その後、19世紀末（1870年代以降）になって欧米で女性権利運動が活発化するにつれて、ゆったり目の動きやすい服装が流行しはじめた。そして20世紀になってようやく、女性はコルセットから解放された。

36

Scene 06

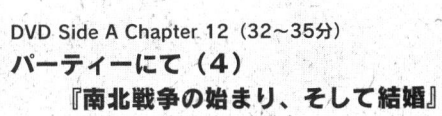

DVD Side A Chapter 12 (32〜35分)
パーティーにて（4）
『南北戦争の始まり、そして結婚』

Everybody's going off to enlist.

みんな積極的に軍隊に参加しに行く

南部連合の攻撃で、連邦政府軍の占拠するチャールストンのサムター要塞が陥落する。敵方のリンカーン大統領（共和党）が義勇軍を募り戦争準備を始める。南部の男たちは興奮し、それに対抗すべく、先を競って出征を表明する。そして普段は内気なチャールズが、戦争という非常事態に興奮し、スカーレットへの思いを打ち明ける。誰もが、メラニーの兄であるチャールズはアシュレーの妹のインディアと結婚するものと思っていた。アシュレーへのあてつけから、スカーレットはチャールズとの結婚を決意する。

スカーレットは失意の中、書斎を出て二階の部屋に戻ろうした時、急に回りが騒がしくなる。男たちは叫びながら走り、外へ駆けだしていく者もいる。女たちも階段を駆け下りてくる。回りの喧噪とは無頓着に階段を上り始める。その時、外からチャールズが入って来て、踊り場にいる彼女に駆け寄ってくる。彼は戦争の始まりを彼女に告げる。

場面 6-1 南北戦争の始まり　00:33:03〜00:33:14

Charles :Miss O'Hara! Isn't it thrilling? Mr. Lincoln has called for soldiers, volunteers to fight against us.

Scene 06

Scarlett :Oh, fiddle-dee-dee. Don't you men ever think about anything important?

Charles :But it's war, Miss O'Hara, and everybody's going off to enlist. They're going right away. I'm going too.

チャールズ :オハラさん！ワクワクしませんか？リンカーン大統領が兵を募ったのです。我々と戦う志願兵を。

スカーレット :まあ、ばかばかしい！あなた方男はもっと大切なことが考えられないの？

チャールズ :でも、戦争ですよ、オハラさん、そしてみんな軍隊に参加しに出かけますよ。彼らはすぐに行きます。私も行きます。

WORDS　　thrill: ゾクゾクする，ワクワクする　call for: 呼ぶ，要求する，指示する　volunteer: ボランティア，志願者，志願兵　go off: 出かける，離れる，逃げる　enlist: 軍隊に入る，積極的に参加する

　チャールズも、他の男たちと同様、戦争をまるでお祭りのように騒ぎ、喜び、興奮している。誰もが一戦をまじえるだけで、北部を撃破し戦争は終結すると信じている。戦争が終わらないうちに入隊を急がねばならない。彼も戦争に参加し手柄をたてるつもりでいる。しかし、スカーレットにとっては、戦争よりも、アシュレーへの恋が破れ自尊心が傷つけられたことの方が重大である。

　戦争という非常事態が人を大胆にする。チャールズは、平時であれば、スカーレットに対してとても言えなかったであろう求婚の言葉を言う。スカーレットはアシュレーとの恋に破れ、茫然自失で悲しみに沈んでいる。愁いに満ちたその瞳を見たとき、チャールズは、それが自分に向けられたものだと勘違いする。「自分が戦争に行くのをこの女性は悲しんでいるのだ」と。野性的な美しさの中に、今まで彼が見たこともないか弱さを感じ、愛情と共に、彼女を守らねばならないという使命を感じたのだろう。

場面 6-2 チャールズからの求婚　00:33:44〜00:34:22

Scarlett :Wha... What did you say?

Charles :Miss O'Hara, I said, would you marry me?

Scarlett :Yes, Mr. Hamilton. I will.

Charles :You will? You'll marry me. You'll wait for me?

Scarlett :Oh, I... I don't think I'd want to wait.

Charles :You mean you'll marry me before I go? Oh, Miss O'Hara... Scarlett... When may I speak to your father?

Scarlett :The sooner the better.

Charles :I'll go now. I can't wait. Will you excuse me, dear?

スカーレット　:何・・・何と言ったの？

チャールズ　:オハラさん、私と結婚してくださいと言ったんです。

スカーレット　:はい、ハミルトンさん。結婚します。

チャールズ　:本当に？　結婚してくれますか。(戦争から帰ってくるまで)待ってくれますか？

スカーレット　:ああ私は・・・私は待つのは嫌です。

チャールズ　:僕の出征前に結婚してくれるということですか？　ああオハラさん、スカーレット・・・いつお父さんに言えばよいですか？

スカーレット　:早ければ早いほうがいいですわ。

チャールズ　:すぐに行きます。待てません。失礼します、愛しい人よ。

WORDS　**speak to:** 話をする　**sooner:** より早く

Scene 06

シーンの解説：映画ではアシュレーとメラニーが結婚した翌日にチャールズとスカーレットが結婚式をあげている。しかし原作では日にちが逆で、アシュレーの結婚式が5月1日と知ったスカーレットが、その前日（4月30日）に結婚式を決めたことになっている。婚約から2週間というスピード結婚である。彼らだけでなく多くの恋人たちが出征前に結婚を急ぎ、離別を悲しむまもなく男たちは戦争へと出かけていく。

スカーレットにしても、通常の精神状態であれば、チャールズの求婚は受けないであろうし、それ以前に、彼がその様な言葉を発する隙さえ与えなかっただろう。彼が結婚を口にした時、彼女は踊り場の窓から、馬に乗ったアシュレーがメラニーを抱きかかえキスするのを見ている。絶望感と2人への当てつけから、結婚を承諾する。アシュレーを忘れるためにも彼女は早く結婚したかったに違いない。

映画関連ミニ情報　　　　　　　　　　　　NO. 4

小説の歴史的価値

　この作品は、南北戦争の始まりから戦後の混乱期を力強く生きた一人の女性、スカーレット・オハラのロマンス物語であるが、当時の様子を伝える歴史的価値があるとも言われている。映画では、服装や建物を忠実に再現し、小説には更にたくさんの興味ある細かな情報が盛り込まれている。すなわち、登場人物の名前と実在の人物が一致しないように考慮した点、タラが架空の土地である点を除けば、当時の出来事や社会的背景、人々の感情を正確に表現している。しかし奴隷制度に関しては、白人からの一方的な視点で書かれているので注意を要する。奴隷所有者は善良で、黒人は奴隷の身分に満足していたかのような印象を与える。小説が書かれた時は、南北戦争が終結し奴隷が解放されてから60年以上経過しているが、南部人である原作者ミッチェルの頭の中には、「古き良き時代」の奴隷制度に対するノスタルジックな思いが残っていたのだろう。本作品が「最後の人種差別的ベストセラー小説」と言われる所以である。むしろ南部白人がこうありたいと望むイメージで描かれていると言った方が正確であろう。

Scene 07

DVD Side A Chapter 13（35〜38分）
チャールズの死　『未亡人となって』

I'm too young to be a widow!

私は未亡人になるには若すぎるわ

結婚後まもなくチャールズもアシュレーも出征する。チャールズは北軍と戦う前に麻疹と肺炎を併発し帰らぬ人となる。未亡人となったスカーレットはチャールズの死を悲しむよりは、喪中ゆえに華やかな場所に出て行けない我が身を嘆く。またアシュレーへの思いはつのるばかりである。娘の悲しむ姿を見かねた母エレンの勧めにより、スカーレットは、メラニーとピティーパット叔母さんと一緒にアトランタで暮らすようになる。この時、使用人のプリシーが世話役として同行する。開戦から1年経った1862年5月のことである。

　アシュレーとメラニーが結婚し、その翌日にはチャールズとスカーレットの結婚式が行われる。結婚当日に流したスカーレットの涙はアシュレーへの未練であるが、チャールズは自分の出征を悲しんでいるものと誤解する。結婚後まもなく、チャールズもアシュレーも戦争に出かけていく。そして約1ヶ月後の6月には、軍刀と共にチャールズの死を知らせる手紙が届く。彼は戦争に参加するまえに、麻疹と肺炎を併発して帰らぬ人となる。

　当時、未亡人の心は墓の下にあると考えられ、それにふさわしい態度をとることを期待される。スカーレットはパーティーに出席したりダンスをすることができなくなる。楽しそうにしゃべってはならず、陰気で悲しそうに笑わなければならない。ましてや、他の男性に興味を示すことなどもってのほかである。スカーレットは回りの目を盗んで、派手な帽子をかぶっているところを乳母のマミーにとがめられる。

Scene 07

場面 7-1 喪中を悲しむスカーレット 00:36:17〜00:36:41

Scarlett :Well, I don't care. I'm too young to be a widow.

Mammy :Miss Scarlett!

Scarlett :Oh... Why, I just go around scaring people in that thing.

Mammy :You ain't supposed to be around people. You's in mournin'.

Scarlett :For what? I don't feel anything. Why should I have to pretend and pretend...

Ellen :What is it? Oh, baby... What is it?

Scarlett :My life is over. Nothing will ever happen to me anymore.

Ellen :Oh, darling.

スカーレット :うーん、どうでも良いわ。私は未亡人になるには若すぎるわ。

マミー :スカーレットお嬢様！

スカーレット :ああ、どうしてなの？　これ（紫の派手な帽子）をかぶってちょっと出歩いて、みんなを驚かせたいだけよ。

マミー :あなたは人のいるところへ行くべきじゃないです。あなたは喪中ですよ。

スカーレット :何のために？　私は何も感じない（悲しくない）。なぜ、（悲しい）ふりばかりしないといけないの…

エレン :どうしたの？　まあ、かわいい（スカーレット）…どうしたの？

スカーレット :私の人生は終わったわ。もう何も（楽しいことは）おこらないわ。

エレン :まあ。

WORDS

widow: 未亡人　**go around:** 出歩く、歩き回る、あちこちに行く　**scare:** 驚かす、おびえさせる、びびらせる、びっくりさせる　**you's:** この場合は you're の意味（黒人英語）　**be supposed to:** 〜しなければならない、〜することになっている　**in mournin':** = in mourning 喪中である　**pretend:** 見せかける、ふりをする　**be over:** 終わる

シーンの解説：スカーレット年譜（関連サイト11）によると、スカーレットがチャールズの求婚に応じたのがトウェルブ・オークスでパーティーがあった4月15日であり、結婚式は4月30日である。チャールズが南部最大の農園主ウェード・ハンプトン大佐が指揮するサウス・カロライナ連隊に入隊したのが5月7日であり、敵と戦う前に宿営地で麻疹の後、肺炎を起こして死亡するのが6月である。即ち、アシュレーへの告白の日から2週間で人妻となり、その後1週間で夫が出征し、更に2ヶ月とたたないうちに未亡人になる。チャールズが求めた戦場での名誉と栄光への希望は裏切られたが、彼にとっては、死ぬまでスカーレットの愛を信じ、結婚を素直に喜んでいられたことは幸せだったのかもしれない。

未亡人としての単調な生活に嫌気がさして泣きじゃくる彼女に、母エレンは、メラニーとピティーパット叔母さんのいるアトランタへ出かけることを勧める。メラニーの所に行けば、またアシュレーに会うチャンスがある。マミーは彼女の下心を見破って心配するが、スカーレットはプリシーを連れてアトランタへ行く。

場面7-2　母エレンがアトランタ行きを勧める　00:37:05～00:37:28

Ellen ：How would you like to go visiting somewhere? Savannah, perhaps?

Scarlett ：What would I do in Savannah?

Ellen ：Well... Well, Atlanta, then. There's lots going on there. And you could stay with Melanie and her Aunt Pittypat.

Scarlett ：Melanie! Yes. Yes, I could, couldn't I?

エレン ：どこかに出かけてみたらどうかしら？　サヴァナなんてどう？

スカーレット ：サヴァナで何をするの？

エレン ：ええっと…ええっと、それじゃアトランタはどうかしら。あそこは色んなことがあってにぎやかよ。そしてメラニーやピティパット叔母さんと一緒に暮らせばいいわ。

スカーレット ：メラニー！そうだわ。それがいいわ、そうでしょ？

43

Scene 07

WORDS　how would you like: 〜してみてはどうですか？

シーンの解説：アトランタはまだ若く活気にあふれていた。スカーレットが生まれる9年前にできたこの都市は、はじめは鉄道の終点という意味からターミナスとよばれ、つぎにマーサズヴィルとよばれた。スカーレットの生まれた年（1845年）からアトランタとよばれるようになった。小さい頃からこの話を聞かされていたこともあり、彼女自身アトランタに親しみと興味をもっていた。

アトランタでメラニーと暮らすと聞いたとき、スカーレットの目が輝く。もちろん、彼女の脳裏をよぎったのはアシュレーの事である。母エレンには気づかれなかったが、乳母マミーにはお見通しである。

NO. 5

映画関連ミニ情報

映画製作の裏話(1)

マーガレット・ミッチェルの小説が出版された1ヶ月後の1936年7月に、独立系プロデューサーでユダヤ系アメリカ人のデビット・O・セルズニック（当時34歳）が映画化権を購入した。当時のアメリカは大不況から立ち直れない時代で、「恐慌で打ちひしがれた人々に希望を与える」という制作テーマを掲げて映画化がスタートした。スタッフとの意見の対立、度重なる制作中止、映倫からのクレームにも関わらず、一切の妥協を許さぬ厳しさで映画作成に臨んだ。精密なコスチューム、大がかりなセット、独創的な特殊撮影を駆使して完成された作品は、ハリウッド映画の魅力とアメリカ文化の底力を世界に伝えた。また、第二次世界大戦後は、戦いに疲れた世界中の人々に勇気と希望を与えた名作である。アトランタでの初公開（1939年［昭和14年］12月15日）以来、20億枚のチケットが売られた。アカデミー賞10部門を受賞し、今でも世界のどこかで放映されている。

1862

スカーレット *17*才

写真協力　(財)川喜多記念映画文化財団

Scene 08

DVD Side A Chapter 14 (38〜46分)
チャリティーパーティーにて
『レットとの再会、久しぶりのダンス』

I'm going to dance and dance.

踊りまくるわ

アトランタはタラと違って活気に満ちた都会である。常に黒い喪服を着用し、華やかな行動が許されない境遇にイライラが募る。そんな時、アトランタ市営陸軍病院で大バザー大会が開かれる。そこでスカーレットはレットと再会する。レットは北軍による湾岸封鎖を突破し、ヨーロッパからの物資を南部に届ける英雄である。彼は南部の伝統に逆らって喪中のスカーレットをダンス相手に指名する。ミード医師以下、多くの人が眉をしかめるのも気にせずスカーレットは久しぶりのダンスに酔いしれる。

　スカーレットは、アトランタに着いてからも、喪中ゆえに派手な行動ができず、退屈で気が狂いそうになっている。婦人たちは負傷兵の看護をしている。スカーレットも看護を手伝うが、若い兵士の世話は未婚の令嬢が担当する。そんな時、パーティーで売店の手伝いをしてほしいとの依頼がある。これはミード医師が主催するアトランタ市営陸軍病院の募金活動の一環であり、アトランタの町はじまって以来の最大のパーティーである。スカーレットの参加にピティパット叔母は反対するが、メラニーはいつものようにスカーレットを擁護する。

　久しぶりにパーティーに参加したスカーレットは売店のカウンターに肘をのせてダンスを見ている。未亡人としての神妙な顔つきは崩さないが、足は音楽に合わせてタップを踏んでいる。宴もたけなわの頃、ミード医師から、レット・バトラーの紹介がある。南部はヨーロッパに綿花を輸出しその利益で物資を買いそろえている。海軍力のある北軍は海上封鎖し、南軍の資金源を断つ作戦をとっている。その封鎖を破って貿易を行う英雄がバトラー船長である。

スカーレットとレットの運命的な再会である。レットは彼女を見つけて近づいていく。スカーレットにとっては、彼女の恥ずかしい秘密を知るレットは、一番会いたくない人物だが、I'll carry your guilty secret to my grave.（君の罪深い秘密は墓場まで持っていくよ）という彼の言葉に少し安心する。彼が言うには、レットは封鎖破りで英雄視されているが、彼にとっては大義を信じているわけではなく、金儲けの手段に過ぎない。I believe in Rhett Butler. He is the only Cause I know, The rest doesn't mean much to me.（俺が信じるのはレット・バトラー。自分だけが唯一の大義だ。他のことはあまり重要じゃない）。

突然、ミード医師より、希望の女性とダンスするために入札を行うという提案がある。入札金が募金に回される。レットは周囲が驚くのをよそに、金貨150ドルの高額でスカーレットをダンス相手に指名する。ミード医師は喪中の彼女を踊らせるわけにはいかないと主張するが、彼女はこの機会を逃すまいと自ら志願する。

場面 8-1　チャールズ・ハミルトン婦人をダンスの相手に　00:43:09〜00:43:42

Rhett　　　：One hundred and fifty dollars in gold.

Dr. Meade　：For what lady, sir?

Rhett　　　：For Mrs. Charles Hamilton.

Crowd　　　：Oh!

Woman　　 ：My!

Dr. Meade　：For whom, sir?

Rhett　　　：Mrs. Charles Hamilton.

Dr. Meade　：Mrs. Hamilton is in mourning, Captain Butler... but I'm sure any of our Atlanta belles would be proud to...

Rhett　　　：But Dr. Meade, I said Mrs. Charles Hamilton.

Dr. Meade　：She will not consider it, sir.

Scarlett　　：Oh, yes, I will.

Scene 08

レット	：金貨で150ドル。
ミード医師	：どのご婦人にですか？
レット	：チャールズ・ハミルトン夫人に。
観衆	：おお！
女性	：まあ！
ミード医師	：どなたにですか？
レット	：チャールズ・ハミルトン夫人です。
ミード医師	：ハミルトン夫人は喪中です、バトラー船長…しかし、その他のアトランタ美人ならぜったい喜んで…
レット	：しかしミード医師、私はチャールズ・ハミルトン夫人と申し上げたのです。
ミード医師	：彼女は承知しないでしょう。
スカーレット	：ああ、いいえ、お受けします。

WORDS

consider: (受け入れを) 考慮する, よく考える

シーンの解説：南北戦争以前のアメリカでは、政府発行の全国的通貨がなく、価値の異なる州法銀行券が何種類も発行されていた。当然、その州あるいは取り扱う銀行の経済状態によって価値が変化する不安定なものであった。しかし基本には金があり、金貨だけはどこでも通用した。当時の1ドル金貨は現在の約14ドルに相当することから、レットが提示した150ドルは現在の2,100ドル、日本円にして23.1万円 (1ドル110円換算) にあたる。

　踊れると知って、スカーレットの顔から思わず笑みがこぼれる。また、それを見越していたレットは満足げにほくそ笑む。
　スカーレットは久しぶりのダンスに酔いしれる。このダンスで、スカーレットの評判はがた落ちになるに違いない。2人の行動に会場の全員がショックを受けるが、2人とも意に介さない。

Gone with the Wind

場面 8-2 久しぶりのダンス 00:43:56〜00:44:02

Rhett :We've sort of shocked the Confederacy, Scarlett.

Scarlett :It's a little bit like blockade-running, isn't it?

Rhett :It's worse. But I expect a very fancy profit out of it.

Scarlett :Oh, I don't care what you expect or what they think. I'm gonna dance and dance. Tonight, I wouldn't mind dancing with Abe Lincoln himself.

レット :我々は南部同盟に、ちょっとショックを与えてしまったようだね、スカーレット。

スカーレット :封鎖破りに少し似ているわね、そうでしょ?

レット :もっと悪いさ。しかし俺はとてもすてきな恩恵を期待している。

スカーレット :まあ、私はあなたが何を期待し、みんなが何と思おうと気にしないわ。私は踊りまくるわ。今夜はエイブ・リンカーン本人と踊ってもかまわない。

WORDS **shock:** 衝撃を与える，ショックを与える **Confederacy:** Confederate States of America 南部同盟（南北戦争直前に南部11州によって編成された同盟で大統領はジェファーソン・デービス） **blockage running:** 封鎖破り，密航 **expect:** 期待する **fancy:** 高級な、派手な、想像的な **profit:** 利益，恩恵 **Abraham Lincoln:** 米国の第16代大統領（1809-65）；共和党

シーンの解説：エイブ・リンカーンは敵方（北軍）の大統領。南軍からは嫌われていたが、後年、歴代大統領の中で、アメリカ国民から最も愛された大統領のひとりである。1860年11月6日に第16代アメリカ大統領に選ばれた。この当選を受けて、サウスカロライナ州が連邦を離脱。翌年にはミシシッピー州、フロリダ州、ジョージア州なども離脱し、ジェファーソン・デービスを大統領とする南部同盟が結成され、最終的には11州がその同盟に合流した。

Scene 08

ワルツを踊りながらレットはスカーレットにささやく。彼はいつか、彼女を自分のものにしたいと願っている。

場面 8-3　愛していると言ってもらいたい　00:45:12〜00:45:30

Rhett ：Some day, I want you to say to me... the words I heard you say to Ashley Wilkes: I love you.

Scarlett ：That's something you'll never hear from me, Captain Butler, as long as you live.

レット ：いつか君に言ってもらいたい…俺が聞いた、君がアシュレー・ウィルクスに言った言葉を。

スカーレット ：それは決して私の口から聞けない言葉よ、バトラー船長。あなたが生きている間は…

WORDS

as long as: 〜する限り，〜の間は

シーンの解説：この時 2 人が踊っていたワルツの曲名は "When This Cruel War Is Over"（この悲惨な戦争が終わるとき）である。元々は北部の歌であるが、歌詞が北軍の「ブルーの征衣」から、南軍の「グレーの征衣」に変更されている。この曲が演奏されていることからも、誰もが戦争の終結を願っていた。

　レットは、パーティーの時に、メラニーが病院に寄付した結婚指輪を10倍の価格で買い戻し送ってくる。メラニーは感激し彼を夕食に招くように叔母に頼む。レットはスカーレットのいるピティパット家に近づくために、どうすればよいかよく知っている。

Scene 09

DVD Side A Chapter. 15 (46〜48分)
レットの訪問　『レットからの贈り物』

I'm just tempting you.

僕はただ君を誘惑しているんだ

以後、レットはスカーレットを時々訪ね、いつも高価なプレゼントを持ってくる。社交界からは煙たがられるレットをメラニーは擁護する。また当初彼を嫌っていたピティパット叔母もプレゼント攻勢に負けてレットを受けいれる。スカーレットはレットから送られたグリーンの帽子に心を奪われる。レットが自分に恋していると感じ、口では拒否しながらもキスを受け入れようとするスカーレット。まさにラブシーンが始まろうとする瞬間、レットがためらう。機はまだ熟していない。

　ピティパット家に出入りするようになったレットは、訪れるたびにヨーロッパからの高価な贈り物を持ってくる。今日の贈り物は、パリで手に入れた緑の帽子。緑は彼女が好きな色であり、またよく似合う。スカーレットは彼の親切に感謝するが、レットは、贈り物は彼女を誘惑するための手段だと言いきる。代償に結婚を求めているのかと思えばそうでもない。彼は独身主義者で、この時点ではまだスカーレットに強く愛を感じている様子でもなく、興味半分からの行動のように思える。気の強いわがまま娘の鼻をあかしてやりたい気持ちもあっただろう。

Scene 09

場面 9-1 レットからの贈り物　00:47:17〜00:47:45

Scarlett :But, Rhett, I really can't go on accepting these gifts, though you are awfully kind.

Rhett :I'm not kind, I'm just tempting you. I never give anything without expecting something in return. I always get paid.

Scarlett :If you think I'll marry you just to pay for the bonnet, I won't.

Rhett :Don't flatter yourself. I'm not a marrying man.

Scarlett :Well, I won't kiss you for it either.

スカーレット ：でも、レット、いつもこれらの贈り物をもらってばかりいられないわ。あなたはとても親切だけど。

レット ：俺は親切じゃない。ただ君を誘惑しているだけだ。俺は見返りが期待できない贈り物はしないよ。いつでも見返りはもらう。

スカーレット ：もしあなたが帽子の見返りに、私があなたと結婚すると思っていたとしても、私はしないわよ。

レット ：自惚れるな。俺は結婚しない主義だ。

スカーレット ：それなら、お礼のキスもしないわ。

WORDS　accept: 受け取る　awfully: すごく, 非常に　tempt: 誘惑する　bonnet: 婦人用の帽子　flatter oneself: 自負する, 自慢する, 自惚れる　marrying man: 結婚しそうな男

シーンの解説：原作によると、アトランタのパーティーで、喪中のスカーレットがレットとダンスを踊ったという噂は町中に広がり、タラにいる両親の知るところとなった。母エレンから苦言を呈する手紙が届き、不名誉な娘を連れて帰るために父ジェラルドがやってきた。ジェラルドはスカーレットを叱った後、レットと話をつけに出て行った。ところがレットに付き添われて帰ってきたジェラルドは正体もなく酔っぱらっていた。レット

52

に飲み比べで負けただけでなく、ポーカーにも負けて有り金を全て失ったようだ。母エレンには絶対知られたくない醜態である。スカーレットはその醜態を母に秘密にするという条件でアトランタに滞在することを父に認めさせた。プレゼント攻勢でピティパット叔母の信頼を勝ち取ったように、ジェラルドを陥落させたのはレットの計算であった。以後、レットはアトランタに来たときは必ずスカーレットをたずねてくるようになった。

結婚が目的ではないと聞いたスカーレットは面食らったに違いない。しかし「帽子のお礼のキスはしない」と言いながらも、目を閉じてキスを待つ仕草をする。彼の顔が近づき、まさにラブシーンが始まるかと思えば、レットは、キスする気になれないと言う。彼は無頼漢であるが、センシティブで誇り高い男である。スカーレットが心から彼を愛するようになるまではキスはしない。

場面 9-2 まだキスする気になれない 00:47:46〜00:48:03

Rhett :Open your eyes and look at me.

:No, I don't think I will kiss you... although you need kissing badly. That's what's wrong with you. You should be kissed and often. And by someone who knows how.

Scarlett :Oh, and I suppose you think you're the proper person.

Rhett :I might be, if the right moment ever came.

レット :目を開けて俺を見ろ。

:だめだ、キスする気になれない…君はとてもキスを望んでいるようだが。そこが君の間違っているところだ。君はキスされた方が良い。それもしばしば。キスの達人から。

スカーレット :まあ、それで、あなたは自分がその適任者だと思っているのかしら？

レット :そうかもしれない、もし適切な時がくればね。

Scene 09

WORDS badly: 非常に，とても suppose: 思う，想像する proper: 適切な，正式の the right moment: 絶妙のタイミング，適切な時

シーンの解説：本来，唇へのキスは，本当に好きな相思相愛の相手にしか許さないものである。この時レットがキスしなかったのは，時期尚早と感じたに違いない。蛇足であるが，昔の娼婦は体を売っても心は売らないという気持ちが強く，唇へのキスはさせなかった。

スカーレットが出征しているアシュレーのことを尋ねると，レットは不機嫌になり，帰っていく。彼の情報では，アシュレーは，南北戦争の勝敗の行方を左右するであろうゲティスバーグの戦いに参加している。

映画関連ミニ情報

NO. 6

映画製作の裏話（2）

　1000ページを越える長編小説を映画化するのは至難の業である。脚本家を18人変えても満足できず，最後はセルズニック自らが書き始めた。セルズニックの強い干渉にジョージ・キューカー監督が去り，ヴィクター・フレミングが指揮した。シドニー・ハワードの脚本を基に，セルズニック，フレミング，脚本家のベン・ヘクトが議論を尽くして最終脚本が完成した時，当初6時間近くかかるであろうと思われた映画が3時間42分に短縮された。映画では小説の多くの部分がカットされたにも関わらず，原作のメッセージを残したまま見事にまとまっている。

　配役を決める際は，主人公のスカーレット役がなかなか決まらなかった。女優の売り込みが殺到し，オーディションには1400人が応募したが，セルズニックの眼鏡にかなう女性は現れなかった。2年後の1938年12月10日，主役不在のまま撮影が開始された。アトランタ炎上の場面では，炎の中，馬車で逃げるスカーレットは代役である。その場面を取り終えた時，見学者の中に，炎に照らされた一人の女性を見つけた。当時は無名のイギリス人女優，ビビアン・リーである。彼女こそ，セルズニックが頭に描くスカーレットの姿に生き写しだった。

1863

スカーレット *18*才

写真協力 （財）川喜多記念映画文化財団

Scene 10

DVD Side A Chapter 16-18 (48~61分)
クリスマス休暇『アシュレーの頼み』

Will you look after Melanie for me?

僕の為にメラニーの世話をしてくれないか？

当初、1ヶ月ぐらいで南部が勝利すると信じていた戦争も3年目に入る。ゲティスバーグの戦闘では両軍合わせて5万人以上の死傷者を出し北軍が勝利する。その年の12月、ゲティスバーグで参戦していたアシュレーにクリスマス休暇が与えられる。スカーレットのアシュレーへの思いは捨てきれない。アシュレーは南部が戦争に敗れ、生きては帰れないであろうとスカーレットに告げる。そしてメラニーの世話を頼む。

　当初、南軍有利で進んでいると思われた戦争は、1863年7月1日から7月3日のペンシルベニア州ゲティスバーグで惨敗してからは戦況が一変する。更に7月4日にはミシシッピ州のヴィクスバーグが陥落し、ミシシッピ川全域が北軍の手に落ちる。南軍は疲労困憊し、戦死者の数も増えてくる。アトランタでは、デイリー・エキザミナー新聞社の前に群衆が集まり、死傷者リストが発表されるのを待っている。リストが配られ始めると人々は先を争ってそれを手に入れようとする。たくさんの若者が死んでいる。ミード夫妻の息子のダーシーも、そしてスカーレットに恋していたタールトン兄弟も。しかし、アシュレー・ウィルクスの名前はそのリストには無い。安心するメラニーとスカーレット。
　レットがやってきてスカーレットに話しかける。彼はいつになく真剣に、南部のありさまを嘆く。彼がトウェルブ・オークスのパーティーの時に言ったように、最初から南部に勝ち目がないのは分かっていた。彼は、大義をかざして無駄な戦争を始めたことに対して怒っている。しかし彼の言葉とは裏腹に、南部人への愛着も感じられる。

場面 10-1 レットの怒り 00:51:24〜00:51:46

Rhett :Yes, look at them. All these poor tragic people. The South's sinking to its knees. It'll never rise again. The cause... The cause of living in the past is dying right in front of us.

Scarlett :I never heard you talk like that before.

Rhett :I'm angry. Waste always makes me angry. And that's what all this is, sheer waste.

レット :さあ、彼らを見てみろよ。このみすぼらしく、悲惨な連中を。南部は倒れようとしている。再び立ち上がることはないだろう。大義は…過去に生きていた大義は目の前で死にかけている。

スカーレット :あなたがそんな話し方をするのを初めて聞いたわ。

レット :俺は怒ってるんだ。無駄なことにはいつも怒りを覚える。そしてこれ(戦争)は無駄そのものだ、まったくの無駄だ。

WORDS

poor: みすぼらしい, 貧乏の　**tragic:** 悲惨な　**sink to one's knees:** ひざをおる, 倒れる, 屈服する　**rise:** 立ち上がる　**cause:** 大義　**live in the past:** 過去に生きる　**right in front of:** すぐ目の前で　**waste:** 無駄, 浪費　**sheer waste:** まったくの無駄, 完全な浪費

その年の暮れにアシュレーは、クリスマス休暇をもらって、アトランタに帰ってくる。スカーレットは駅で抱き合うメラニーとアシュレーを呆然とながめる。アシュレーに対して、こみ上げてくる思いを抑えて、「メリークリスマス」というのがやっとである。夕食時に、アシュレーの無事を祝して、ピティパット叔母はとっておきのマディラワインをサービスする。メラニーはアシュレーに上着をプレゼントする。夢のような時が過ぎて、アシュレーがふたたびバージニア戦線へもどる時が来る。メラニーとの別れをすませたアシュレーが家を出ようとする直前、ようやくスカーレットはアシュレーと2人きりになることができる。彼女は自作の黄色い絹のサッシュをプレゼントする。彼女は彼の役に立ちたいと言う。彼の頼みは意外にも、「メラニーのことをよろしく頼む」である。

Scene 10

場面 10-2 アシュレーの頼み　00:56:06〜00:56:36

Scarlett : You know there's nothing I wouldn't do for you.

Ashley : There's something you can do for me.

Scarlett : What is it?

Ashley : Will you look after Melanie for me? She's so frail and gentle and she... she loves you so much. You see, if I were killed and she...

Scarlett : Oh, you mustn't say that. It's bad luck. Say a prayer, quickly.

Ashley : You say one for me. We shall need all our prayers now. The end is coming.

Scarlett : The end?

Ashley : The end of the war. And the end of our world, Scarlett.

スカーレット : あなたのためなら、どんなことでもするわ（あなたのために私がしないことは無い）。

アシュレー : 僕のためにやってほしいことがあるんだ。

スカーレット : それは何？

アシュレー : 僕の為にメラニーの世話をしてくれないか？　彼女はとても体が弱くておとなしい。そして彼女は…彼女は君のことがとても好きだ。分かるだろ、もし僕が殺されたら、彼女は…

スカーレット : ああ、そんなことを言っちゃいけないわ。不吉だわ。すぐにお祈りして。

アシュレー : 僕の代わりに祈ってくれ。我々はみんな祈らないといけないだろう。もう終焉が近づいている。

スカーレット : 終焉？

アシュレー : 戦争の終わりだよ。そして我々の世界の終焉だ、スカーレット。

WORDS

look after: 世話をする，面倒をみる　**frail:** か弱い，虚弱な，壊れやすい　**gentle:** おとなしい，優しい　**prayer:** お祈り

Gone with the Wind

シーンの解説：北軍のリンカーン大統領が「奴隷解放宣言」をしたのが、1863年1月1日である。その後、北軍はゲティスバーグの戦いに勝利し、同年11月19日には、その地で有名な「人民の、人民による、人民のための政治」government of the people, by the people, for the people 演説を行った。

アシュレーの言葉に彼女は激しい失望を感じるが、メラニーの世話をすることを約束する。アシュレーが言うには、ゲティスバーグでの敗戦が破局の始まりだ。もう既に勝負はついている。南軍は消耗し兵力は減っているが、北軍はどんどんヨーロッパから兵隊を買って兵力が増している。彼はもう生きては帰れないと思っている。別れに際してスカーレットはキスを求める。そして彼の愛を頼りに生きていきたいと願う。しかし彼は、「さよなら」とだけ言って家を出ていく。

場面 10-3　さようならのキスを　00:57:39～00:58:20

Scarlett　:Oh, Ashley, Ashley, kiss me. Kiss me goodbye! Ashley.

Ashley　:No, Scarlett.

Scarlett　:Oh, Ashley, I love you. I've always loved you. I've never loved anyone else. I only married Charles just to hurt you. Oh, Ashley, tell me you love me. I'll live on it the rest of my life!

Ashley　:Goodbye.

スカーレット　：ああ、アシュレー、キスして。さようならのキスを！　アシュレー。

アシュレー　：だめだよ、スカーレット。

スカーレット　：ああ、アシュレー、アシュレー、あなたを愛しているのよ。あなたをいつも愛していた。他の人を愛したことなんてないわ。私は、あなたを傷つけようとしてチャールズと結婚しただけなの。ああアシュレー、愛していると言って。その言葉を頼りに、残りの人生を生きていけるわ！

アシュレー　：さようなら。

Scene 10

WORDS　　hurt: 傷つける　　live on: 〜に頼って生きる　　the rest of one's life: 残りの人生

シーンの解説：アシュレーはスカーレットへのキスを拒みながらも、彼女に対する気持ちと戦っていた。その様子を原作から紹介する。It was the unhappiest face she was ever to see, a face from which all aloofness had fled. Written on it were his love for and joy that she loved him, but battling them both were shame and despair. (それは彼女(スカーレット)がこれからも決してみることがないような、冷静さを欠いた、最高に惨めな顔つきだった。彼女に対する愛と愛されることへの喜びがはっきりと顔に表れているのだが、それらの感情が慚愧の念や絶望感と戦っている)。結局、アシュレーもスカーレットのことが好きなのである。あるいは男なら誰でも、魅力的な女性から迫られたら悪い気はしない。しかし、理性でそれを抑えている彼の苦悩の様子がよくわかる。

　アシュレーが戦線へ復帰した後、メラニーとスカーレットは教会内の病院で負傷者の看護を続ける。夜になって協会を出ると、ベル・ワトリングが待っており、彼女たちに話しかける。ベルは娼婦だが、南部を愛する気持ちは誰にも負けない。何か南部の為に尽くしたいと思うが、看護婦を志願しても断られ、献金をしようとしても受け取ってもらえない。そこで、メラニーに直接お金を渡そうとしている。メラニーは彼女の献金に感謝する。金貨50ドルの大金はR.B.(レット・バトラー)のイニシャルのハンカチに包まれている。そして、ベルはレットの所有する馬車に乗って去っていく。この時にメラニーとベルに女の友情が芽生える。この時の出会いがきっかけで、後に、ベルはメラニーの為にアシュレーの命を救うことになる。

1864

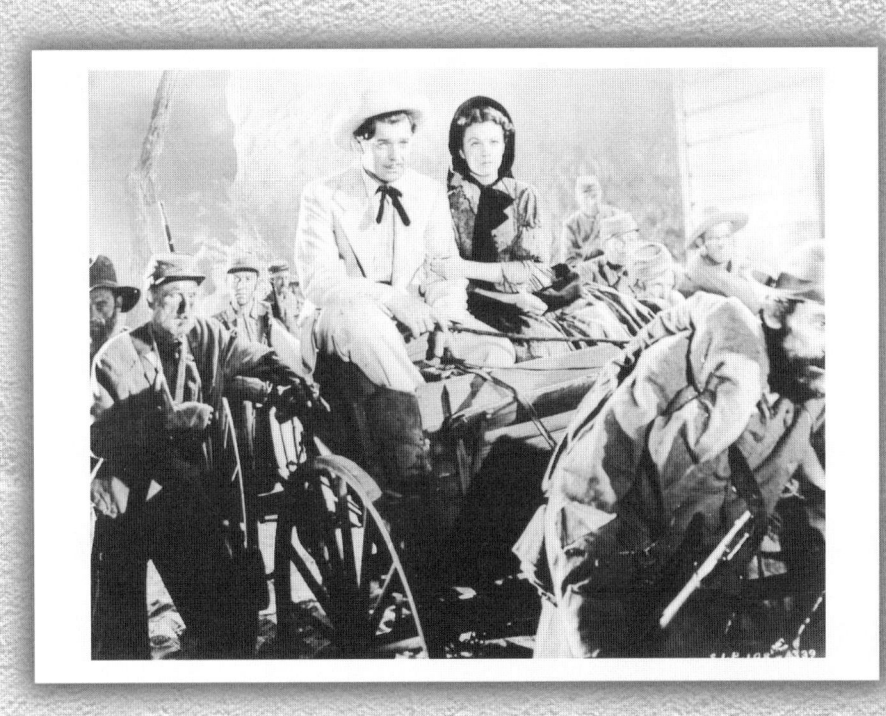

スカーレット *19才*

写真協力　(財)川喜多記念映画文化財団

Scene 11

DVD Side A Chapter. 19-21 (61〜78分)
北軍の侵攻（1）
　　　　『メラニーへの励まし』

Don't be a goose, Melly.

馬鹿なことを言わないで

　ゲティスバーグでの敗北が決め手となって南部への北軍の侵攻が始まる。アトランタは鉄道網がある南部の要所である。北軍のシャーマン将軍は総力をあげてアトランタを攻める。北軍がもうすぐ近くまで来ている。アシュレーの子供を身ごもり動けないメラニーは、スカーレットに自分を捨てて早く逃げるように伝える。しかしスカーレットはアシュレーとの約束を守りメラニーを元気づける。そしてメラニーは男の子を出産する。

　北軍の攻撃は激しさを増し、アトランタは南軍の負傷兵や避難民でごったがえしている。町中でも敵の砲声が聞こえるようになる。南軍も健闘したが、北軍の勢力は少しも衰えない。更に、砲弾が降ってくるようになると、人々は先を争って逃げ出していく。
　病院は負傷兵であふれるが薬が不足しており、麻酔薬無しで負傷した足を切断しなければならない。故郷のタラでは母のエレンが病気になっている。町中では、北軍の攻撃で、いたるところで爆弾が破裂している。病院を逃げ出して家に帰る途中、レットに出会い、馬車に乗せてもらう。ここを逃げ出したいというスカーレットに、レットは一緒に海外へ逃げようと提案する。もうそろそろアシュレーを卒業してもいい頃だ。レットは彼女を試している。彼女はアシュレーの話がでると怒って馬車をおりる。

場面 11-1 ここを逃げ出したい　01:06:50〜01:07:20

Scarlett :Oh, Rhett! Drive me to Aunt Pitty's please.

Rhett :Panic's a pretty sight, isn't it? Whoa! Whoa! That's just another of General Sherman's calling cards. He'll be paying us a visit soon.

Scarlett :I've gotta get out of here. I've gotta get outta here before the Yankees come!

Rhett :And leave your work at the hospital? Or have you had enough of death and lice and men chopped up? Well, I suppose you weren't meant for sick men, Scarlett.

Scarlett :Don't talk to me like that, Rhett. I'm so scared. I wish I could get out of here.

スカーレット　:ああ、レット！　ピティ叔母さまの所へ連れて行ってちょうだい。

レット　:パニックってものは見ものだと思わないかい？　わおっ！　わおっ！　あれは、またシャーマン将軍の名刺代わりの一発だ。もうすぐやってくるぜ。

スカーレット　:ここを逃げ出さなくちゃいけない。ヤンキーが来る前にここを逃げ出さなくちゃいけないわ！

レット　:そして病院での仕事は放り出してかい？あるいは、死人やシラミ、手足を失った男たちにはうんざりかい？　そうだな、君は病気の男たちには向いてないと思うぜ、スカーレット。

スカーレット　:私にそんな言い方はしないで、レット。とても怖いのよ。ここから逃げ出したいのよ。

WORDS　**drive to:** 〜へ（車で）行く　**panic:** パニック　**calling cards:** 名刺　**pay a visit:** 訪問する、見舞う　**gotta:** = got to　**outta:** = out of　**get out:** 逃げ出す、出て行く　**enough:** 十分な　**chop up:** 細切れにする、切り刻む　**meant for:** 〜にむいている、〜をするべき運命の　**scared:** おびえている、怖がっている

Scene 11

> **シーンの解説**：1864年5月、北軍のシャーマン将軍がアトランタを攻めた。南軍のジョンストン将軍はケネソウ山で善戦するがジリジリと後退した。南軍の司令官がジョンストン将軍から、フッド将軍になっても戦況は好転しなかった。ついにアトランタの町は包囲され、アトランタからテネシー州に通じる鉄道は、その全線が、敵将シャーマンの手に落ちた。

　ピティパット叔母はピーターじいやを連れてメーコンの親戚の家に避難していく。一緒に行きたいが、スカーレットはアトランタを離れられない。メラニーがアシュレーの子供を身ごもっている。出産が近く、今メラニーを動かすことはできない。メラニーが憎い。しかしアシュレーとの約束は守らなければならないと思う。

　その後も北軍によるアトランタ攻撃は続いている。長期間耐え抜いた町もいよいよ陥落が近い。南軍はアトランタを捨てて退却しはじめる。いよいよ逃げ出さねばならない時にメラニーが産気づく。ミード医師を呼びに行くが、彼は負傷兵の世話で手が離せない。アトランタの町中は負傷者で埋め尽くされている。

場面 11-2　ミード医師は手が離せない　01:16:17～01:16:44

Scarlett　　：But Melly's having her baby. You've got to come with me!

Dr. Meade　：Are you crazy? I can't leave these men for a baby! They're dyin', hundreds of them! Get some woman to help you.

Scarlett　　：But there isn't anybody. And, well, Dr. Meade, she might die!

Dr. Meade　：Die! Look at them! Bleeding to death in front of my eyes! No chloroform! No bandages! Nothing! Nothing to even ease their pain! Now run along and don't bother me.

　　　　　　　：Aw, don't worry, child. There's nothing to bringing a baby.

スカーレット　：でも、メラニーが赤ちゃんを産みそうなんです。一緒に来てください！

ミード医師	：君は頭がおかしいのか？　赤ちゃんのために、これらの人間を放って置くわけにはいかない！　彼らは死にかけているんだ、何百人が！　誰か女性の手を借りなさい。
スカーレット	：でも誰もいないわ。それに、ええっと、ミード医師、彼女は死ぬかもしれないわ！
ミード医師	：死ぬだって！彼らを見ろ！目の前で血を流して死んでいく！クロロホルムもない！包帯もない！何もない！彼らの痛みを和らげるものさえも何もない！　さあ、行ってくれ、そしてわしの邪魔をしないでくれ。
	：さあ、心配しなくていいよ、いい子だから。赤ん坊を取り上げるのはたいしたことじゃない。

WORDS　**have a baby:** 赤ちゃんが生まれる　**dyin':** = dying　**chloroform:** クロロホルム（麻酔薬）　**bandage:** 包帯　**run along:** 立ち去る、去る　**bother:** 邪魔をする、困らせる

シーンの解説：アトランタの町が南軍の負傷者で埋め尽くされた映画の場面は壮絶である。この場面を見るだけで戦争の悲惨さが伝わってくる。1864年3月12日に北軍の総司令官に就任するグラント将軍がとった作戦は犠牲を一切厭わない消耗戦である。国力に勝る北部は、ヨーロッパから傭兵を買い入れて補充していたが、南部は補充がきかず戦線からの撤退を繰り返していった。

頼りにしていたプリシーは、実はお産のことは何一つ知らないことが分かる。プリシーをひっぱたいても解決にはならない。彼女はメラニーを励まし、出産を助ける。

場面 11-3　メラニーを励ます　01:18:21〜01:18:38

Melanie	:Better go, Scarlett, before the Yankees get here.
Scarlett	:I'm not afraid. You know I won't leave you.
Melanie	:It's no use. I'm gonna die.
Scarlett	:Don't be a goose, Melly. Hold on to me. Hold on to me.

Scene 11

Melanie ：Talk to me, Scarlett. Please talk to me.

Scarlett ：Don't try to be brave, Melly. Yell all you wanna, there's nobody to hear.

メラニー ：行って、スカーレット、ヤンキー(北軍)がここに到着する前に。

スカーレット ：私は恐れていないわ。分かっているでしょ、私はあなたを置いていかないわ。

メラニー ：無駄よ。私は死ぬのよ。

スカーレット ：ばかなこと言わないで、メラニー。私にまかせて。私にまかせて。

メラニー ：話しかけて、スカーレット。お願い、話しかけて。

スカーレット ：勇敢でいようなんて思わないで、メラニー。好きなだけ叫びなさい。聞いてる人はいないから。

WORDS **you know:** (文頭で)あのね、あのー、ご存じでしょうが **leave:** 去る、ほうっておく、置きっぱなしにする **goose:** がちょう、とんま、ばか **hold on to：** 手放さないでいる、〜をたよりにする、〜にすがる **brave:** 勇敢な **wanna:** ＝want to

　いったん決心し度胸がすわった時のスカーレットは強い。プリシーは自分の嘘が原因でスカーレットが苦労しているのに、Ma says that if you put a knife under the bed it cuts the pain in two. (お母さんが、ナイフをベッドの下に置いておけば痛みを二つに切ってくれると言っていた) などと気楽なことを言っている。メラニーはスカーレットの助けで男の子を無事出産する。赤ちゃんはボオと名付けられる。

Scene 12

DVD Side A Chapter. 22 （78〜83分）
北軍の侵攻（2）　『故郷のタラへ』

We've got to get out of here.

我々はここから逃げ出さなくては

赤ん坊と病気のメラニーをかかえていては身動きがとれない。スカーレットはアトランタを脱出するためにレットの力を借りようと思う。彼女の為にレットは馬車を調達し駆けつける。彼女が目指すのは生まれ故郷のタラ。北軍に出会う恐れもあり、タラへ向かうのは危険だが、彼女の必死な姿に心を打たれたレットは彼女を助けてタラへ向かう。

　赤ん坊は元気だがメラニーの容態が悪い。南軍がアトランタを放棄し、今にも北軍が攻め入ってくるだろう。スカーレットはレットに頼る以外に助かる方法はないと思う。スカーレットの使いでプリシーはレットのもとを訪れるが、彼はベル・ワトリングの店で女たちと遊んでいる。

　馬と荷車は軍隊に徴発されていたが、レットはそれらを盗みだしスカーレットの所へ駆けつける。彼女にとって、嫌な男だが、心の底では惹かれるものがある。恐怖と絶望の中で、彼の無頓着で自信にみちたまなざしほど彼女を元気づけてくれるものはないだろう。

場面 12-1 レットが来てくれた　01:20:26〜01:20:42

Scarlett　:Oh, Rhett, I knew you'd come.

67

Scene 12

Rhett :Good evening. Nice weather we're having. Prissy tells me you're planning on taking a trip.

Scarlett :If you make any jokes now, I'll kill you.

Rhett :Well! Don't tell me you're frightened.

Scarlett :I'm scared to death. And if you had the sense of a goat, you'd be scared, too.

スカーレット　：ああ、レット、来てくれると思っていたわ。
レット　　　　：こんばんは。いい天気だね。君は旅行に出る予定だとプリシーが言っていたが。
スカーレット　：こんな時に、冗談を言ったら、許さないわよ（殺すわよ）。
レット　　　　：おやまあ！　君が脅えているなんて言わないでくれよ。
スカーレット　：死ぬほど怖いわ。そしてもしあなたに山羊くらいの分別があれば、怖いはずだわ。

WORDS　plan on: ～を計画する　take a trip: 旅行する　frighten: おどろかせる, 怖いと思う, 怖がる　be scared to death: 死ぬほど怖い　the sense of a goat: 山羊の分別（山羊でも分かるぐらいという例え）

シーンの解説：レットを待つスカーレットの思いを原作から紹介する。More than anything in the world she yearned to hear the sound of hooves and to see Rhett's careless, self-confident eyes laughing at her fears. (彼女が、何よりも世界中で一番切望するものは（レットの馬車の）蹄の音を聞き、レットの無頓着で自信過剰の目が彼女の心配を笑い飛ばしてくれることだ)

　スカーレットは生まれ故郷のタラに連れて行って欲しいと頼むが、タラ周辺は戦闘があり北軍がいるはずだ。北軍のど真ん中を通って、しかも病人と赤ん坊を連れて田舎道を揺られるのは危険きわまりない。

場面 12-2 生まれ故郷のタラへ帰りたい　01:20:47〜01:20:53

Scarlett ：We've gotta get out of here.

Rhett ：At your service, Madam. Just where were you figuring on going?

Scarlett ：Home, to Tara.

Rhett ：Tara?

スカーレット ：我々はここから逃げ出さなくてはいけないわ。

レット ：何でもお申し付けください、奥さま。一体どこへ行くおつもりですか？

スカーレット ：故郷よ、タラへ。

レット ：タラだって？

WORDS

I am at your service.: ご用を承ります　**figure on:** 〜を計画する，胸算用する，計算に入れる

シーンの解説： タラは原作者のミッチェルが作った架空の土地であるが、アトランタの南方にあるジョーンズボロ近辺に位置しているといわれている。鉄道の連絡点であるジョーンズボロがアトランタ攻略の鍵であるが、すでに北軍の手に落ちていた。タラへ行くことは非常に危険である。

しかし彼女の決意は固い。長い間張りつめていた感情が一度に吹き出してきて急に涙が止まらなくなる。感極まって泣きじゃくる彼女を見たとき、レットは彼女を抱き寄せる。彼の声は優しく、今までのようなあざけりはない。素直な彼女を見たとき、レット自身も彼女に対して素直な感情を表す。

Scene 12

場面 12-3 タラへの思い 01:21:22〜01:21:45

Scarlett :I'm going home if I have to walk every step of the way. I'll kill you if you try to stop me. I will, I will! I will, I will!

Rhett :Shh. Shh. Shh. It's all right, darling, all right. Now you shall go home. I guess anybody who did what you've done today can take care of Sherman.

スカーレット ：家に帰るわ。ずっと歩いて行かなければならないとしても。私を止めようとしたら許さないから。絶対許さないから（あなたを殺してでも）。絶対！　絶対！　絶対にね！

レット ：シーッ、シーッ、シーッ。大丈夫だ。いい子だから、大丈夫だよ、わかったよ。さあ、家に帰ろう。今日、君がやったことをできる人間なら、シャーマン（北軍の将軍）をやっつけられるさ。

WORDS

take care of: 世話をする、大事にする、殺す、始末する

シーンの解説：シャーマン将軍は南部人から最も恐れられた猛将である。彼は南部を屈服させるためには徹底的に略奪と破壊を繰り返し南部人の心を折るしか方法はないと考え、それを実行した。しかし非人道的で残酷な行為は前年に制定されたジュネーブ条約に違反しているとして後年批判を浴びた。

レットは危険と分かっていても、スカーレットを助けてタラに行くことを決意する。メラニーを抱き上げて馬車へ運んでいく。メラニーは夫アシュレーの写真と兄チャールズの軍刀を持っていくよう頼む。

Scene 13

DVD Side A Chapter 23 (83～87分)
北軍の侵攻（3）　『アトランタ炎上』

It's a historic moment.

歴史的瞬間だ

メラニーと赤ん坊を後ろの荷台に寝かせて、スカーレットとプリシーはレットが調達した馬車に乗り込む。戸締りを心配するスカーレット。そのあわて振りにレットが笑う。軍隊が引き上げると、町は無法地帯になってしまう。彼らは、燃え上がる炎を避けてアトランタ脱出に成功する。

外にでると木々の向うに火の手があがるのが見える。駅近くの倉庫にはまだたっぷり弾薬が残っている。北軍が来たときに持って行かれないように、南軍の生き残り兵がわざと爆破しようとしている。弾薬が爆発しないうちに町中を通り抜けなければならない。メラニーと赤ん坊のボオを馬車に寝かせて出発しようとした時、スカーレットは戸締まりを忘れたことに気づく。鍵をかけに戻ろうとする彼女をレットが笑う。今更、家に鍵をかけたぐらいで北軍から守れるわけがない。

場面 13-1　戸締まりをして　01:23:15～01:23:40

Rhett　　：We'll have to hurry if we're gonna get across the tracks.
Scarlett　：You're not going that way!

Scene 13

Rhett　　　:We have to. The McDonough Road's the only one the Yankees haven't cut yet.

Scarlett　 :Oh, wait! I forgot to lock the front door. Oh, what are you laughing at?

Rhett　　　:At you, locking the Yankees out.

レット　　　　:線路を横断して行くつもりなら急がないといけないぞ。
スカーレット　:その方向には行けないわ。
レット　　　　:行かなきゃならん。ヤンキーが遮断していないのは、マクドナー通りだけだ。
スカーレット　:ああ、待って！玄関の鍵をかけ忘れたわ。まあ、いったい何を笑っているの？
レット　　　　:君のことを笑ってるんだ。鍵をかけて北軍を締め出そうってことを。

WORDS　　**get across the tracks:** 線路を横断する，横切る　**cut:** 遮断する　**laugh at:** 笑う（Rhett の台詞の "At you" は "I am laughing at you" の短縮）　**lock out:** 締め出す

　　タラに行くにはピーチツリー通りの繁華街を通らねばならない。そこでは南部連合の軍隊が行進していたが、彼らは疲労しきって、まるで幽霊のように黙々と通り過ぎていく。軍隊が去ると法の秩序が崩壊し町は無法地帯になってしまう。略奪が始まり、彼らの馬を奪い取ろうと暴漢が襲ってくる。暴漢たちをやり過ごし、駅に近づくと建物は燃え、貨車に積んだ爆薬に今にも火がつこうとしている。レットは動かなくなった馬をスカーレットのショールで目隠しし炎の中を導いていく。彼らが駅を通り抜けた直後、爆発が始まる。大きな建物が倒壊し、あたりは火の海となる。古き良き南部が崩壊する瞬間である。

場面 13-2 アトランタ炎上　01:26:38〜01:26:50

Rhett ：Take a good look, my dear. It's a historic moment. You can tell your grandchildren how you watched the old South disappear one night.

レット ：さあ、よく見ておくんだ。歴史的瞬間だ。古き南部が一夜にして消え去ったのを君がどんな風に見守ったかを孫たちに語れる。

WORDS　**take a good look:** 十分観察する，よく見る　**historic moment:** 歴史的瞬間

退却軍隊と同じ道をたどりながら、レットは悲しそうに戦争のことを思う。スカーレットに語りかける口調からはいつもの傲慢さは消え、彼の見せた初めての寂しそうな表情である。彼の目はどこか遠くをさまよっている。戦争の愚かさや南部人のおごりを口では非難しながらも、心の底では古き良き南部を愛しているに違いない。彼は静かに、機械的に鞭をあてながら馬車を進めていく。

場面 13-3 レットの悲しみ　01:27:03〜01:27:30

Rhett ：They were going to lick the Yankees in a month. Poor, gallant fools!

Scarlett ：They make me sick, all of them! Getting us all into this with their swaggering and boasting.

Rhett ：That's the way I felt once, about their swaggering and boasting.

Scene 13

Scarlett :Oh, Rhett, I'm so glad you aren't with the Army. You can be proud now, proud that you've been smarter than all of them.

Rhett :I'm not so proud.

レット :一ヶ月でヤンキーをやっつけるつもりだったとは。哀れで勇敢なばかどもだ！

スカーレット :うんざりだわ、(南部の男たちに)みんな。自慢や誇りが、私たちをこの窮地に追い込んでるんだわ。

レット :それは俺がかつて感じたことだ。彼らの自慢や誇りについては。

スカーレット :ああ、レット、あなたが軍隊に行かなくて本当によかったわ。あなたは、今、彼らみんな(南部の男たち)より利口だと自慢できるわ。

レット :そんなに自慢にはならないよ。

WORDS make~ sick: ～を不快にする、～を怒らせる　get into: 陥れる　swagger: 威張って歩く、自慢する　boast: 自慢、誇り　proud: 誇りに思う、自慢している　smart: 賢い、利口な、気が利く

シーンの解説：スカーレットが初めてみるレットの側面であった。その様子を原作から紹介すると、There was no mockery in his eyes now. They were naked and there was anger and something like bewilderment in them. (今、彼の目にはあざけりの色はない。それらは無防備で、怒りと当惑のようなものがあらわれていた)。話しかけようとして、彼を見たスカーレットは震え上がり、以後話しかけることができなくなった。

スカーレットにとっては、今レットがそばにいてくれることが心強くありがたい。しかしレットの心は沈み、良心の呵責に苦しんでいる。2人は黙ったまま馬車に揺られていく。

Scene 14

DVD Side A Chapter 24 (87〜91分)
故郷のタラへ　『レットの決心』

I'm going, my dear, to join the Army.

俺は軍隊に参加するつもりだ

スカーレットたちはレットの機転でアトランタ脱出に成功するが、まだタラへの道は遠く危険も予想される。突然レットは愛国心に目覚め、南軍に加わり最後の決戦に臨む決意をする。そして彼女に自分の気持ちを打ち明ける。愕然とするスカーレットを尻目にレットは去ってゆく。

　無事アトランタを離れタラへの分岐点にさしかかった時、レットは急に馬車を止める。レットの口からは意外な言葉がでる。彼はスカーレットたちと別れて、軍隊に志願すると言い出すのだった。彼自身にも、今更なぜそんな気持ちになったか理解できない。南部人としての感傷癖が思わず顔を出したのかもしれないし、あるいは彼自身が恥を知ったからかもしれない。

場面 14-1　レットの決心　01:28:13〜01:28:57

Rhett　　:I'm going, my dear, to join the Army.

Scarlett　:You're joking! I could kill you for scaring me so!

Rhett　　:I'm very serious, Scarlett. I'm going to join up with our brave lads in gray.

75

Scene 14

Scarlett :But they're running away!

Rhett :Oh, no. They'll turn and make a last stand, if I know anything about them. And when they do, I'll be with them. I'm a little late, but "Better late..."

Scarlett :Rhett, you must be joking!

Rhett :Selfish to the end, aren't you? Thinking only of your own precious hide, with never a thought for the noble cause.

Scarlett :Rhett, how could you do this to me... and... and why should you go now that, after it's all over and I need you? Why? Why?

Rhett :Why? Maybe it's because I've always had a weakness for lost causes... once they're really lost. Or maybe... maybe I'm ashamed of myself. Who knows?

レット :愛しい人よ、俺は軍隊に入隊するつもりだ。

スカーレット :冗談を言っているのね！私をそんなに怖がらせるなら許さないわよ！

レット :俺はとても真剣だよ、スカーレット。俺はグレーの服を着た勇敢な奴ら（南部の部隊）に入隊する。

スカーレット :でも、彼らは逃げているわ！

レット :いいや、彼らは戻ってきて最後の抵抗をする。俺の知っている南部人ならそうするよ。そして、彼らがそうする時、俺は彼らと共にいるつもりだ。俺は少し遅かったけれども、（行かないよりは）遅れても行った方がました。

スカーレット :レット、あなたは冗談を言っているに違いないわ！

レット :君は最後まで自分勝手だね。君自身の大事な隠れ家のことしか考えていない。崇高な大義のことなど考えもせずに。

スカーレット :レット、なぜ私に対してこんなことができるの···そして···そしてなぜ今行かなければいけないの？全てが終わり、私があなたを必要としているときに。なぜ？　なぜ？

レット :なぜかって？　多分、俺はいつも失われた大義ってのに弱いんだ···そしてそれが本当に失われてみると。あるいは、多分···多分、自分自身を恥じているんだ。そんなことは分からない。

WORDS

scare: 怖がらせる　**join up with:** 〜に接続する、〜と同盟する、〜に入隊する　**lad:** 若者、男（親愛が含まれる）　**run away:** 逃げる　**make a stand:** 戦う、抵抗する　**last stand:** 最後の抵抗　**better late than never:** 遅くとも来ない［しない］よりはまし　**joke:** 冗談　**to the end:** 最後まで、あくまで　**precious hide:** 重要な隠れ家　**lost causes:** 失われた大義、勝ち目のない戦い　**be ashamed of:** 恥に思う　**Who knows?:** そうかもしれない、誰にも分からない、何とも言えない

ひとつだけハッキリ分かっていることがある。それは彼女を愛しているということ。死を覚悟し、スカーレットに対する気持ちを正直に打ち明ける。

場面 14-2　レットのスカーレットに対する気持ち　01:29:16〜01:29:49

Scarlett : Oh, Rhett, please don't go. You can't leave me, please. I'll never forgive you!

Rhett : I'm not asking you to forgive me. I'll never understand or forgive myself. And if a bullet gets me, so help me, I'll laugh at myself for being an idiot.

: But there's one thing I do know, and that is that I love you, Scarlett. In spite of you and me and the whole silly world going to pieces around us... I love you... because we're alike.

: Bad lots, both of us. Selfish and shrewd... but able to look things in the eyes and call them by their right names.

Scarlett : Don't hold me like that!

スカーレット : ああ、レット、お願いだから行かないで。私を置き去りになんてできないでしょ。そんなことをしたら許さないわよ！

レット : 俺は君に許しを求めているわけじゃない。自分自身のことも理解できないし許せない。そしてもし弾丸が当たったら、神に誓って、愚か者の自分をあざけり笑うよ。

Scene 14

:しかし、ひとつだけハッキリ分かることがある。それは君を愛しているということだ、スカーレット。君や俺、あるいは全ての愚かな世界が、我々のまわりで粉々になろうとしている時でも…君を愛している…何故なら俺たちは似た者同士だ。

:悪党だよ、2人とも。利己的で狡猾だ…しかし、冷静に物事を見て、本当のことが言える。

スカーレット ：そんなふうに抱きしめないで！

WORDS leave: 置き去りにする　forgive: 許す　so help me (God): 神に誓って
to pieces: 粉々に　alike: 似ている、同様　selfish: わがまま、利己的　shrewd: 抜け目ない、狡猾な
look things in the eyes: まともに見る、冷静に見る、ありのままに見る　call them by their right names: 本来の名前で呼ぶ、本当のことを言う

今までレットは女性に不自由したことはなかっただろう。また、自分の欲しいものは全て手に入れてきたに違いない。しかし、スカーレットがどうしてもアシュレーを手に入れられないのと同様、レットはスカーレットの気持ちをつかむことができない。別人のように真剣に、しかし一方的に自分の気持ちを打ち明ける。

場面 14-3　レットの最後の頼み　01:29:49〜01:30:36

Rhett :Scarlett, look at me. I love you more than I've ever loved any woman. And I've waited longer for you than I've ever waited for any woman.

Scarlett :Let me alone!

Rhett :Here's a soldier of the South who loves you, Scarlett... wants to feel your arms around him... wants to carry the memory of your kisses into battle with him. Never mind about loving me. You're a woman sending a soldier to his death with a beautiful memory. Scarlett, kiss me. Kiss me once.

Scarlett :You low-down, cowardly, nasty thing, you!

:They were right! Everybody was right. You... You aren't a gentleman!

Rhett :A minor point at such a moment.

レット :スカーレット、俺を見ろ。俺は、今まで愛したどの女より君を愛している。そして落とすのにこんなに時間がかかった女は初めてだ(今まで待ったどの女より、君のことを長く待っている)

スカーレット :放して!

レット :ここに君を愛するひとりの南軍兵士がいる、スカーレット‥‥君の腕に抱かれて、君とのキスの思い出を持って戦場へ行くことを望んでいる。俺を愛するなんてことは気にするな。君は、美しい思い出を持って死地へ赴くひとりの兵士を送り出す女性だ。スカーレット、キスしてくれ。一度だけ。

スカーレット :あなたは不誠実で、卑劣で、嫌な奴だわ、あなたは!

:彼らは正しかったわ! みんな(の言うこと)は正しかった。あなたは‥‥あなたは紳士じゃない!

レット :(紳士かどうかなんてことは)こんな時には些細なことだよ。

WORDS **never mind:** 気にするな,心配するな **low-down:** 不誠実な,下劣な **cowardly:** 卑怯な,臆病な **nasty thing:** 嫌な奴 **minor point:** 些細なこと

シーンの解説:レットはスカーレットを愛しながらも、それをストレートに彼女に伝えることはしてこなかった。なぜなら、恋の駆け引きでは惚れた方が負けになる。特にスカーレットのような女性は男性を見下し惚れた弱みにつけこんでくるからだ。しかし、この時レットは、今までの自分の生き方を恥じ、南部のために戦場で散る覚悟をしていた。彼にとっては遺言ともとれるスカーレットへの告白であった。

スカーレットは、自分たちを置き去りにしていこうとするレットを許すことができない。しかし、彼は拳銃を彼女に渡し、ひとり去っていく。スカーレットは泣きながらも気を取り直してタラを目指す。

79

NO. 7

日本に於ける『風と共に去りぬ』

　1941年12月8日、日本軍の真珠湾攻撃により太平洋戦争が勃発した。シンガポールに侵攻した時に日本兵が一本のアメリカ映画を見つけた(1942年)。日本が映画『風と共に去りぬ』に出会った最初である。それを見た徳川夢声(映画弁士)は著書「夢声戦争日記」の中で「今度の戦争はうまくいかない。こんな映画を作る国と戦っても駄目だ」と書いている。ストーリーや構成の素晴らしさだけでなく、映画にちりばめられた高度な撮影技術を見て、アメリカとの近代兵器戦に勝利できる可能性は無いと冷静に判断している。

　戦況悪化のおり、1943年12月には学徒出陣が始まり、東京帝国大学では出陣学徒に映画鑑賞の機会が与えられた。この時に放映された映画が『風と共に去りぬ』である。普段、敵国文化に触れる機会を制限されていた学生たちは、その映像の素晴らしさに、日米の技術差を思い知らされた。出陣学徒への励ましというよりは気勢を削ぐ結果となったかもしれない。

　1945年、全世界で5500万人の犠牲者を出した第二次世界大戦が終わった。廃墟となったヨーロッパで公開されて、戦争で傷ついた人々から圧倒的な支持を受けた。日本での初公開は戦後7年目の1952年で、銀座有楽座の前には待ちわびた人々の長い列ができた。スカーレットが戦争で荒れ果てたタラの地に戻って、"I'm not hungry again!(私は決して飢えない)"と誓った場面は、ビビアン・リーの女優としての地位を不動のものにしただけでなく、飢えに苦しむ日本人に希望と勇気を与え戦後復興の礎になった。NHKで放映された「その時歴史が動いた」(2001年4月4日)で、映画評論家の渡辺祥子さんは、「スカーレットの生き方が抑圧されてきた女性の意識を変え、日本の成長を陰で支える事で、日本の歴史に影響を与えた」と語っている。

Scene 15

DVD Side A Chapter 25-27 (91〜103分)
帰郷 『スカーレットの誓い』

I'll never be hungry again!

私は二度と飢えない

やっとの思いでタラに到着する。タラは、幸い焼失は免れたが北軍による略奪で悲惨な状態である。100人余りいた使用人は離散し乳母のマミーら3人しか残っていない。2人の妹は腸チフスにかかり、その看病がもとで母エレンはこの世を去っていた。父ジェラルドは戦争による混乱と妻の死で正気を失っている。絶望の淵でスカーレットは、家族を守り前向きに生きていこうと決意する。

　レットが去った後、スカーレットは北軍を避けながら故郷の地に近づく。道には激しい戦争の名残で南軍兵士の死体が散在しており、空には禿鷹が舞っている。ようやく辿り着いたトウェルブ・オークスには人影はなく、荒廃し、昔の面影はない。メラニーが馬車の中から見たものは、義父ジョン・ウィルクスの墓標である。スカーレットは荒廃した玄関を入り、壊れた階段を見上げる。その時彼女はアシュレーに愛を告白した時のことを思い出したかもしれない。

　目的のタラに着いた時には日が暮れている。闇の中で家が見えずに当惑するが、雲がとぎれ月の光が差した時、懐かしい我が家がはっきりと現れる。家は焼かれてはいない。

81

Scene 15

場面 15-1 帰郷 01:34:56〜01:35:29

Scarlett	:Melly! Melly, we're home! We're at Tara!
	:Hurry! Move, you brute!
Prissy	:Miss Scarlett, he's dead!
Scarlett	:I can't see the house! Is it there? I can't see the house. Have they burned it?
	:Oh, it's all right. It's all right! They haven't burned it! It's still there!
	:Mother! Mother! I'm home!

スカーレット	:メラニー！　メラニー、帰ってきたわ！タラに着いたわ！
	:急いで！　動いて、ちくしょう！（馬に向かって）
プリシー	:スカーレット様、彼（馬）は死んでしまいました！
スカーレット	:家が見えない！そこにあるの？家が見えない。彼ら（ヤンキー）が焼いてしまったの？
	:ああ、大丈夫だわ。大丈夫だわ！　彼らは焼いていなかった！　まだ、（家は）そこにある！
	:お母さま！お母さま！帰ってきたわよ！

WORDS　brute: けだもの，ちくしょう　　burn: 燃える，焼く

シーンの解説：母を頼りにタラに戻ってきたスカーレットだが、母エレンは、チフスにかかった娘たちの看病で、彼女自身もチフスにかかり亡き人になっていた。原作によると、エレンは若い頃、従兄弟のフィリップ・ロビアールに恋したが、家族から反対され諦めざるを得なかった。フィリップが去った後、ぬけがらとなった彼女はジェラルドの求婚に応じた。15歳の時である。それ以来彼女は、3人の娘を育て、タラの発展を陰で支え、良妻賢母の見本のような人生をおくった。夫のジェラルドは妻の秘密を知らない。しかし彼女が死の床で呼んだ名前は、ジェラルドではなく、フィリップであった。

スカーレットは家に駆け寄りドアを叩く。ドアが開くと、そこには父ジェラルドが立っている。彼の後ろからはマミーが現れ、スカーレットは彼女に抱きついていく。そして、スカーレットは自分が最も頼りとしていた母エレンは彼女の到着する1日前に亡くなったことを知り、母の亡骸の前で泣き崩れる。

進軍してきた北軍は、タラ屋敷を本営とし、家は燃やさなかったものの、宝石類から食料まで全て略奪していた。スカーレットは全てを失ったこの屋敷で、2人の妹、メラニーと彼女の赤ん坊、正気を失った父、残った使用人たちを養っていかなければならない。

場面 15-2　酔っぱらってしまいたい　01:39:11～01:39:33

Scarlett :What's this, Pa? Whiskey?

Gerald :Yes, daughter.

:Here, Katie Scarlett, that's enough! You're not knowing spirits, you'll make yourself tipsy.

Scarlett :I hope it makes me drunk. I'd like to be drunk.

スカーレット :これは何、お父さん？ウイスキー？

ジェラルド :そうだよ、娘よ。

:おい、ケイティ・スカーレット、もう十分だ！お前はアルコールを知らないから酔ってしまうぞ。

スカーレット :酔わせて欲しい。酔っぱらってしまいたい。

WORDS **spirits:** アルコール類　**make oneself tipsy:** 酔っぱらう、ほろ酔い気分にする　**drunk:** 酔って

みんなが自分勝手なことを言い出す。プリシーは赤ん坊と病人の両方は世話できないと嘆き、ポークは内働きの使用人だから、牛のミルクを絞るような外働きの使用人のようなことはできないと言う。そして父ジェラルドはまだ母エレンの死を受け入れることができない。か

Scene 15

つて単身で渡米し、タラを築きあげた男の面影はない。スカーレットはこれからどうすればよいか途方に暮れる。

　早朝農園に出て、荒れた畑の中から小さな大根を見つけてそれを口に掻き込む。急に胃がむかつき吐き出す。惨めさに泣き崩れるが、彼女はゆっくり立ち上がり、天に向かって再出発を決意する。わがままで自分本位に生きてきたスカーレットにとって、この場面が最も輝いた瞬間である。

場面 15-3　神への誓い　01:43:12～01:43:35

Scarlett :As God is my witness... As God is my witness, they're not going to lick me. I'm going to live through this, and when it's all over, I'll never be hungry again.

:No, nor any of my folks. If I have to lie, steal, cheat or kill. As God is my witness, I'll never be hungry again!

スカーレット :神を私の証人として‥‥神を私の証人として、彼らは私を打ち負かすことはない。私はこれ（苦難）を生き延びる。そして、これが完全に終わった時、私は二度と飢えない。

:いいえ、そして私の家族も。もし、嘘をついたり、盗みをしたり、騙したり、人殺しをしなければならないとしても。神を私の証人として、私は二度と飢えない！

WORDS

witness: 証人, 目撃者　　lick: なめる, 負かす　　live through: 生き延びる
all over: 全てが終わって　　hungry: 空腹, 飢える　　cheat: だます, 欺く

シーンの解説：本映画が、第二次世界大戦後、世界中に公開され、復興に苦しむ世界の人々に感動を与えたのはまさにこの場面である。

84

1865

スカーレット *20*才

写真協力 （財）川喜多記念映画文化財団

Scene 16

DVD Side B Chapter 1-5（はじまり〜13分）
終戦
『南部連合の敗北、それぞれの思い』

Ashley will be coming home.

アシュレーが帰ってくる

1865年4月9日アポマトックスに於いてリー将軍が降伏し4年間続いた南北戦争が終結に向かう。「アシュレーが帰ってくる」メラニーとスカーレットはそれぞれの思いを胸に安堵する。そして9月には北軍の収容所で捕虜となっていたアシュレーが帰還する。アシュレーがメラニーの夫であることを忘れて興奮するスカーレット。

　北軍のシャーマン将軍はアトランタから海に到る60マイルを進軍（海への進軍）し、破壊の限りを尽くす。それに耐えてタラは生き残る。スカーレットは、妹や使用人たちを厳しく使いながら、綿花を育て何とか生活できるようになる。妹のスエレンは辛い畑仕事に愚痴をこぼすが、スカーレットは怠けることを許さない。

場面 16-1 タラは親と同じ　00:03:04〜00:03:27

Suellen :Scarlett's hateful, making us work in the fields like...

Scarlett :Too bad about that.

	:Now get back to work. I can't do everything at Tara all by myself.
Suellen	:What do I care about Tara? I hate Tara!
Scarlett	:Don't you ever dare to say you hate Tara again! The same as hating Pa and Ma.
スエレン	:スカーレットはひどいわ、こんな畑で私たちを働かせて…
スカーレット	:それはお気の毒に。(皮肉)
	:さあ、仕事に戻って。タラのことは私一人で全てやれるわけじゃないわ。
スエレン	:なぜタラのことを気にしなくちゃいけないの？ タラなんか嫌いだわ！
スカーレット	:タラが嫌いなんて、生意気なことを二度と言うんじゃないわよ！それは父や母を憎むことと同じだわ。

WORDS hateful: ひどい、憎むべき、忌まわしい　make us work: 働かせる、仕事をあてがう　too bad: 運が悪い、お気の毒、残念　care about: 気にかける、好意を持つ、心配する　dare: あえて〜する、生意気にも〜する　same as: 〜と同じ

シーンの解説：わがままなスエレンに対して、末娘のキャリーンはあまり文句も言わずに頑張っている。原作では、後に、キャリーンは結婚せずにチャールストンの修道院に入っている。

　そんな時、北軍の脱走兵と思われる男がタラにやってくる。スカーレットは、強盗に入った彼を、レットからもらった拳銃で撃ち殺す。彼女は家族を守るためには人殺しだってすると神に誓ったが、その通りになる。銃声を聞いた妹たちや父ジェラルドが家に入ってこようとするが、メラニーの機転で彼らに知られることなく死体を処理する。メラニーはか弱いように見えて、度胸はすわっている。

Scene 16

場面 16-2　冷静な嘘　00:06:35〜00:07:00

Carreen :Scarlett! Scarlett, what happened?

Suellen :What is it, Scarlett? What is it?

Melanie :Don't be scared, chickens. Your big sister was trying to clean a revolver and... it went off and nearly scared her to death.

Carreen :Oh, thank goodness.

Suellen :Haven't we got enough to frighten us?

Gerald :Tell Katie Scarlett she must be more careful.

Scarlett :What a cool liar you are, Melly.

キャリーン　：スカーレット！　スカーレット、どうしたの？

スエレン　：今のは何、スカーレット？何？

メラニー　：びっくりしないで、みんな臆病ね。あなた方のお姉さんが拳銃の掃除をしようとして、そして…暴発したのよ。彼女は死ぬほどびっくりしたけど（でも大丈夫よ）。

キャリーン　：ああ、よかったわ。

スエレン　：たいしたことないわね（もっと他に驚くことがいっぱいあるでしょ）。

ジェラルド　：ケイティ・スカーレットにもっと注意するように言ってくれ。

スカーレット　：何て冷静に嘘がつけるの、メラニー。

WORDS　chicken: 鶏、臆病者　revolver: （連発）拳銃　go off: 暴発する、発射する　scared to death: 死ぬほど怖がる　thank goodness: ありがたい、よかった　frighten: 驚かせる、びっくりさせる　cool: 冷静な、かっこいい、いかす　liar: 嘘つき

　1865年4月に南軍のリー将軍の降伏で南北戦争が終結する。知らせを聞いた人々の反応は様々である。「大義」は死んだ。なぜ私たちは戦争をしたのだろう。そしてメラニーとスカー

レットの脳裏には同じ思いがよぎる。アシュレーが帰ってくる。

場面 16-3 戦争の終わり 00:09:28〜00:10:03

Gerald :Katie Scarlett! It's over! It's over! It's all over! The war! Lee surrendered!

Suellen :It's not possible.

Carreen :Oh, why did we ever fight?

Melanie :Ashley will be coming home.

Scarlett :Yes, Ashley'll be coming home. We'll plant more cotton. Cotton ought to go sky-high next year!

ジェラルド :ケイティ・スカーレット！　終わったぞ！　終わったぞ！　全て終わった！　戦争だ！リー将軍が降伏したぞ！

スエレン :まさか！

キャリーン :ああ、なぜ戦争なんかしたんでしょう？

メラニー :アシュレーが帰ってくる。

スカーレット :そうよ、アシュレーが帰ってくる。もっと綿を育てなくては。来年は綿が空高く積み上げられるようにしよう！

WORDS

all over: すっかり終わる　surrender: 放棄する，降伏する　ought to: 〜するのが当然である，〜のはずだ

シーンの解説：ゲティスバーグの戦いから約1年後、1964年9月2日にアトランタを陥落させた北軍のシャーマン将軍は、同年11月15日から12月22日までかけて大西洋のサヴァナ港へ進軍した。「海への進軍」と呼ばれた行軍は、途中の南部の農耕地帯や工業地帯を焦土にし、交通網を徹底的に破壊した。1965年4月3日には、南部の首都リッチモンドが陥落し、4月9日にはアポマトックスで北軍のグラント将軍と南軍のリー将軍の会

Scene 16

見が行われ4年間続いた戦争が終結した。4月12日には南軍の降伏調印が行われた。死者は両軍あわせて62万人にのぼり、第二次世界大戦でのアメリカ軍戦死者数の32万人を越える悲惨なものであった。

Home from their lost adventure came the tattered cavaliers...
Grimly they came hobbling back to the desolation that had once been
a land of grace and plenty...
And with them came another Invader...
more cruel and vicious than any they had fought...
the carpetbagger...

ボロボロになった騎士たちが戦争に敗れて故郷に帰ってきた…
かつては気品と豊かさを兼ね備えた土地は廃墟となり、
彼らは険しい表情で、足を引きずりながら帰ってきた…
そして彼らと共に別の侵入者がやってきた…
彼らが戦った連中よりもより残酷で卑劣な奴ら…
北部の渡り政治屋だ…

戦争が終わり、夏になると、鉄道でアトランタまで運ばれた南軍の敗残兵は、そこから歩いて故郷を目指し南へ下ってくる。ボロボロの服を身につけ、痛む足を引きずりながら、途中、タラで足を休め食料を乞い一夜の宿を求める。シラミと赤痢で汚れた彼らをマミーは、文句を言いながらも世話する。スカーレットは、一生懸命働いて手に入れた食糧を彼らに与えることに乗り気ではなかったが、メラニーは献身的である。メラニーはアシュレーが生きていたら、どこかで同じような情けを受けていることを願う。

スカーレットの妹スエレンの恋人、フランク・ケネディも帰還し、タラで世話になっている。彼はスカーレットにスエレンと結婚させて欲しいと頼み、スカーレットはそれを了解する。

NO. 8

南北戦争（2）

　南北戦争を戦った将校の多くはウエストポイント陸軍士官学校の出身であり、同窓生同士の戦いでもあった。また、南軍総司令官のロバート・E・リー将軍と北軍総司令官のユリシーズ・S・グラント将軍は同窓というだけでなく、共にメキシコ戦争を戦った同志でもある。当初、戦力的には圧倒的に不利と言われていた南軍が頑張れたのは、ヴァージニア州出身で、ウエストポイントの校長を務めたことのある、リー将軍の功績が大きい。また、映画の中で南部の男たちが自慢していたように、将校の質では南軍が勝っていた。更に北部人にとっての戦争は、「連邦維持」「奴隷解放」といった、曖昧模糊とした理由によるものであったのに対し、南部人にとっての戦争は自分たちの生活や権利を守るための大儀ある戦いである。黒人の手を借りずに大農園を経営することはできないだろう。すなわち、奴隷制度の廃止は南部の経済システムの崩壊を意味するので負けるわけにはいかない。明らかに劣勢となっても南部の志気が衰えなかったのは、そういった闘志の違いからきている。

　当初南軍は常に2倍の北軍と相対しても戦いに負けなかった。北軍のミス采配に助けられた面もあるが、ヴァージニア州フレデリックスバーグの戦い（1862年12月13日）とチャンセラーズヴィルの戦い（1863年5月1日～4日）を有利に進め、引き続き行われたゲティスバーグの戦いを制していれば、南軍の勝利で戦争が終結したであろうとも言われている。しかし、補充能力に勝る北軍の前に消耗し、リー将軍は撤退を余儀なくされた。ゲティスバーグでの敗戦を期に南軍は凋落の一途をたどる。ゲティスバーグの戦いが南北戦争の「関ヶ原」と言われる所以である。戦争による死者は両軍あわせて62万人と言われているが、勝った北軍の死者数の方が多いのは意外である。南軍死者数26万人に対し北軍の死者数は36万人であった。

Scene 17

DVD Side B Chapter 6-7 (13～23分)
戦後 『惨めな生活、父の死』

What's to become of us?

私たちはどうなるの？

アシュレーが帰還する。彼はタラで農場を手伝うが、典型的な南部紳士であった彼は誠実な努力にも関わらず、汚れ仕事や金策には役に立たない。北軍から科せられた300ドルの税金が払えないとタラが維持できない。絶望感の中、スカーレットはアシュレーと一緒にメキシコへ逃げようと提案するが、アシュレーはメラニーを捨てられない。更に父ジェラルドが落馬して他界する。

ある日、スカーレット、メラニー、マミーの３人が馬車道の方を眺めていると、一人の汚らしい兵士が家に向かってよろよろと歩いてくるのが見える。一旦家に入ろうとしたメラニーが突然驚喜し、その兵士に向かって走る。彼女が彼の胸に飛び込んだとき、スカーレットも、彼が誰であるかを理解する。待ち焦がれていたアシュレーが帰ってきたのである。駆け出そうとするスカーレットをマミーが止める。彼はメラニーの夫である。

場面 17-1　アシュレーはメラニーの夫　00:14:09～00:14:29

Mammy :Miss Scarlett! Don't spoil it, Miss Scarlett.

Scarlett :Turn me loose, you fool! Turn me loose, it's Ashley!

Mammy :He's her husband, ain't he?

マミー	：スカーレットお嬢様！　じゃましてはいけません！　スカーレットお嬢様。
スカーレット	：放して、ばか！放して、アシュレーなのよ！
マミー	：あの人は彼女（メラニー様）のご主人でしょう？

W O R D S　**spoil:** 台無しにする，甘やかす　**turn loose:** 解放する，自由にさせる
ain't: am not、aren't、isn't、hasn't、haven't 等の短縮形。口語表現として用いられる。

シーンの解説：アシュレーは北軍の捕虜となり、イリノイ州ロック・アイランドの収容所に捕らわれていた。

　タラは、スカーレットの努力により、綿の生産性が上がる。少しずつ生活が安定してきた矢先に、ヤンキーによる税金の追徴金が課される。300ドルの追徴金が払えなければ、タラは強制競売になる。安く競り落として手に入れようと仕組んだ奴がいるようだ。スカーレットは、一緒に働いてくれるようになったアシュレーに相談するが、彼は不器用な百姓になれても、自分でお金を稼ぎ出すことはできない。

場面 17-2　300ドルの税金　00:15:51〜00:16:30

Scarlett	:Ashley, the Yankees want $300 more in taxes. What shall we do? Ashley, what's to become of us?
Ashley	:What do you think becomes of people when their civilization breaks up? Those who have brains and courage come through all right. Those that haven't are winnowed out.
Scarlett	:For heaven's sake, Ashley Wilkes, don't stand there talking nonsense at me... when it's us who are being winnowed out.
Ashley	:You're right, Scarlett. Here I am talking tommy-rot about civilization... when your Tara's in danger. You've come to me for help, and I've no help to give you. Oh, Scarlett, I... I'm a coward.

Scene 17

スカーレット ：アシュレー、ヤンキーが更に300ドルの税金を要求するのよ。どうしましょう？　アシュレー、私たちはどうなるの？

アシュレー ：文明が壊れるとき、人々はどうなると思う？　頭がよくて勇気のある者が無事に生き延びていく。それらのない者はふるい落とされるんだ。

スカーレット ：なんてことを言っているの、アシュレー・ウィルクス、そこにつっ立って私にばかなことを言わないで…ふるい落とされようとしているのが私たちだって時なのに。

アシュレー ：君の言う通りだ、スカーレット。こんな時に、僕は文明についてばかなことを言っている…君のタラが危機の時に。君は僕に助けを求めに来たのに、僕は何の援助もできない。ああ、スカーレット、僕は…僕は臆病者だ。

WORDS

become of: 〜に〜が起こる、〜はどうなるのか　civilization: 文明, 文化　break up: 壊れる, 崩れる, 崩壊する　have brains and courage: 頭が良くて勇気がある　come through: 生き残る, 生き延びる, 期待に沿う　winnow: ふるいにかける　for heaven's sake: なんということを言うのか、お願いだから　talk nonsense: ばかなことを言う, 訳の分からないことを言う　tommy-rot: たわごと, ばかげたこと　coward: 臆病者, 意気地なし

シーンの解説：南北戦争に敗れた南部にはカーペットバガーと呼ばれる北部人が押しかけてきた。彼らは全財産をカーペットで作った袋ひとつに詰め込んでやってきた渡り政治屋で、戦勝の利益を得ようとする禿鷹のような連中である。彼らは征服者として南部人の行動を制約するだけでなく、彼らに都合の良い規則を作り、例えば、税金を自由につり上げて払えなければ土地を巻き上げるというようなあくどいことを平気でやっていた。また奴隷解放により、今まで虐げられていた黒人が傲慢な態度をとるようになったり、カーペットバガーに取り入って甘い汁を吸おうとする卑劣な南部人も現れた。

スカーレットは、戦争が始まる前トウェルブ・オークスで、本心は彼女を好きだとアシュレーが言ったことを忘れていない。生活に疲れ果てたスカーレットは、2人でメキシコに逃げようと言う。2人は抱き合ってキスをするが、病弱の妻や赤ん坊を思うアシュレーは逃げることを拒否する。アシュレーはタラの土を拾って彼女にわたす。彼女には、タラというもっと大事なものがあるはずだ。

場面 17-3 もっと大切なもの　00:19:35〜00:20:30

Scarlett ：Say it, you love me.

Ashley ：All right, I'll say it. I love your courage and your stubbornness. I love them so much that a moment ago I could have forgotten the best wife a man ever had.

Scarlett ：You love me.

Ashley ：But Scarlett, I'm not going to forget her.

Scarlett ：Then there's nothing left for me. Nothing to fight for. Nothing to live for.

Ashley ：Yes, there is something. Something you love better than me... though you may not know it. Tara!

Scarlett ：Yes, I... I still have this.

スカーレット ：言って、私を愛していると。

アシュレー ：分かった、言おう。僕は君の勇気と不屈の精神を愛している。愛しすぎて、いっとき前、男が持てる最高の妻を忘れそうになった。

スカーレット ：あなたは私を愛している。

アシュレー ：でもスカーレット、僕は彼女を忘れるつもりはない。

スカーレット ：それじゃあ、私には何も残らないわ。戦う目的もない。生きるための目的もない。

アシュレー ：いや、何かあるさ。何か僕以上に愛するものがある‥‥君は気づいていないかもしれないが。タラだ！

スカーレット ：そうね、私‥‥私にはまだこれがあるんだわ。

WORDS　　**courage:** 勇気, 度胸　　**stubbornness:** 頑固さ, 強情, 不屈

Scene 17

　そんなとき、元使用人のジョナス・ウイルカーソンとエミー・スラッタリーが着飾って現れる。上流階級であったものは迫害されるのに対して、彼らのような貧乏白人はヤンキーに利用され、ヤンキーの機嫌をとることで私腹を肥やしている。タラを買い取りたいと申し出るが、スカーレットは手痛く断り、アシュレーから手渡されたタラの土を投げつける。父ジェラルドは怒り狂って彼らを馬で追おうとするが、フェンスを飛び越えた時につまずき、落馬して他界する。

映画関連ミニ情報　NO. 9

映画製作の裏話（3）

　レットの最後の言葉 "My dear, I don't give a damn." （俺の知ったことじゃない）にセルズニックは "Frankly" を付け加えて、"Frankly, my dear, I don't give a damn." （正直言って、俺の知ったことじゃない）とした。「原作には無い2音節の副詞は、決まり切った言い回しにぞっとするような無関心な調子を加えた。そして表現するには10行以上必要なレットの感情を一言で言い表した。（参照資料4、「英和対訳映画シナリオ上」からの引用）」。以後、レット・バトラー（あるいはクラーク・ゲーブル）の言葉として深く人々の心に刻まれた。

　しかし放映前に "damn" という言葉は、「人を罵る言葉で極めて不適切である」と映画倫理委員会（映倫）からクレームがついた。セルズニックは「この映画が人々に衝撃を与えるドラマチックなものとなるかどうかはこの台詞にかかっている」と断固として抵抗した。最後に映倫が根負けし、当時の金で50,000ドルの罰金で放映の特別許可を出した。

　一方、スカーレット・オハラ（あるいはビビアン・リー）の言葉としては、"I'll think about it tomorrow." "Tomorrow is another day." がある。「明日考えよう」「明日は明日の風が吹く」とは、少し無責任な響きもあるが、辛い人生でも明日を夢見て生きようとする楽天的な強い言葉だと思う。

1866

スカーレット *21* 才

写真協力　(財)川喜多記念映画文化財団

Scene 18

DVD Side B Chapter 8 (23〜26分)
レットを訪ねて（1）
　　　　　『ドレスを作って』

You're going to make me a new dress.

新しいドレスを作るのよ

スカーレットは300ドルの税金を工面するため、アトランタで北軍に拘留されているレットを訪ねることにする。しかし着て行く服が無い。その時、エレンが残したビロードのカーテンに気づく。ビロードのカーテンで豪華なドレスを作りアトランタへと向かう。

　父が死んでも悲しみに浸っている余裕はない。スカーレットには300ドルのことしか頭にない。タラを守るためには税金の300ドルを何とか工面するしか道はない。今時、お金を持っているのはヤンキーかスカラワグ（ならず者，悪人）ぐらいだと聞いたとき、スカーレットはレットを思い出す。「そうだ、レットのところに行こう」
　アトランタを脱出しタラに向かう途中で、レットはスカーレットたちを見捨て、軍隊に志願するために去っていった。しかしその時、彼は彼女を本気で愛していると言った。あの時はひどい悪口を彼に浴びせたが、もう一度彼に会って誘惑すれば彼からお金を巻き上げることができるに違いない。しかしその為には、金に困っていることを悟られてはいけない。華やかな格好をするために、彼女は母エレンの残した緑のカーテンを使ってドレスを作ることを思いつく。反対するマミーを説き伏せアトランタへ向かう。

Gone with the Wind

場面 18-1　300ドルを工面するために　00:23:48〜00:24:42

Scarlett : I can't think about Pa. I can't think of anything but that $300.

Mammy : Ain't no good thinkin' about that, Miss Scarlett. Ain't nobody got that much money.

Scarlett : $300. Three...

Mammy : Nobody but Yankees and scalawags got that much money now.

Scarlett : Rhett.

Mammy : Who that? A Yankee?

Scarlett : Oh. Oh, Mammy, I'm so... so thin and pale and... I haven't any clothes.

: Scoot up to the attic, Mammy, and get down Ma's old box of dress patterns.

Mammy : What you up to with Miss Ellen's portieres?

Scarlett : You're gonna make me a new dress.

Mammy : Not with Miss Ellen's portieres. Not while I got breath in my body.

Scarlett : Great balls of fire! They're my portieres now. I'm going to Atlanta for that $300 and I've gotta go looking like a queen.

スカーレット : 父のことは考えられない。あの300ドルのこと以外は考えられない…。

マミー : そのことを考えるのは無駄です、スカーレット様。誰もそんな大金は持っていません。

スカーレット : 300ドル。3…

マミー : ヤンキーかスカワラグ以外は、今時そんな大金は持っていません。

スカーレット : (そうだ)レット。

Scene 18

マミー	:誰ですか？ヤンキーですか？
スカーレット	:おお。おお、マミー、私はとても…とても痩せて青白い、それに服も持っていないわ。
	:マミー、屋根裏部屋に駆け上がって、ドレスの紙型の入った母の古い箱を持って降りてきて。
マミー	:エレン様のカーテンで何を企んでいるのですか？
スカーレット	:私に新しいドレスを作るのよ。
マミー	:エレン様のカーテンではダメです。私が生きているうちは、ダメです。
スカーレット	:ばかなことを言わないで！今は私のカーテンよ。私はあの300ドルの為にアトランタへ行くわ。そして私は女王のように見えなくてはいけない。

WORDS no good: 無駄 ain't no/ain't nobody: 否定の強調 scalawag: ならず者, 悪党 thin and pale: 痩せて青白い scoot: スクーターで行く, 駆け出す, 走り去る attic: 屋根裏 dress pattern: 婦人服の型紙 be up to: ～を企む, ～の責任で portiere: カーテン（フランス語） get breath in one's body: 生きている（息をしている） great balls of fire: ばか者（昔の表現）

シーンの解説：スカラワグとは、「ならず者」、「悪人」という意味だが、当時は自分の利益の為に主義主張を変えて、共和党に転向した南部人をさす。民主党は1800年以前に結成されたトーマス・ジェファソンの政党が起源である。それに対して、共和党は1850年代に奴隷制度が広がることに反対したリンカーン等により結成された歴史がある。即ち、もともと南部人は民主党員であり、南部の奴隷制度に反対したのが北部から生まれた共和党である。

マミーを連れてアトランタへ着いたスカーレットは、北軍に捕まっているレットを訪ねる。北軍は、市民広場近くにある消防署を監獄として使っている。レットには隠し財産があり、北軍もそれを狙っていることから、彼に対する待遇は悪くない。彼は北軍の幹部とポーカーをし、わざと負けて気前よく金を払うことで、囚人としては破格の自由を手に入れている。
　スカーレットは、彼の妹だと言って面会を求める。しかし今まで何人もの妹と名乗る女性が会いに来ている。北軍の連中も彼のプレーボーイぶりに呆れている。

場面 18-2 レットを訪ねて　00:25:07〜00:25:27

Major	:What is it, Corporal?
Corporal	:Sir, there's a lady to see Captain Butler. Says she's his sister.
Major	:Another sister? This is a jail, not a harem, Captain Butler.
Corporal	:No, Major, she ain't one of those. This one's got her mammy with her.
Rhett	:She has? I'd like to see this one, Major, without her mammy.

少佐	:どうした、伍長？
伍長	:はい、バトラー船長に会うために女性が来ています。彼の妹だと言っております。
少佐	:また妹か？　ここは刑務所だぞ、ハーレムじゃないぞ、バトラー船長。
伍長	:いいえ、少佐殿、彼女はその手の(いかがわしい)女ではありません。この女性は乳母を連れています。
レット	:乳母を連れてるって？この女性に会ってみたいもんです、少佐、乳母ぬきで。

WORDS　**Corporal:** 伍長　**jail:** 刑務所, 拘置所　**harem:** ハーレム, 婦人部屋

シーンの解説：原作によると、レットは、戦時中、南部同盟政府の代理人として、南部の綿花をヨーロッパに輸出し、儲かった金で武器を買って南軍に供給する役目を担っていたらしい。開戦当初、北軍の封鎖を破って武器を届けることができていた時は良かったが、次第に封鎖が厳しくなり武器を送ることができなくなった。武器を買うためのお金が余り、その資金をイギリスの銀行に個人名義で隠していると噂されていた。また、レットの容疑は黒人殺しである。戦後、黒人の地位や権利が守られるようになると黒人虐待は重罪である。

　訪ねてきた女性が乳母を連れていると聞いて、レットは興味を持ち、会わせてくれるよう北軍の少佐に頼む。彼はポーカーの負け金を喜んで払うレットに厳しくできない。

Scene 19

DVD Side B Chapter 9 (26～32分)
レットを訪ねて（2）　　『誘惑失敗』

You're not worth three hundred dollars.

君には300ドルの価値は無い

マミーを伴にアトランタに着いたスカーレット。妹と名乗って、レットとの面会を許される。美しいドレスを作っていったかいがあり、レットに信用される。もう少しで成功しそうになるが、スカーレットの豆だらけの手を見て訪問の目的が金の無心であると見破られる。体を張って懇願するがレットは冷たく突き放す。

慰問に現れたスカーレットをみて喜ぶレット。見張りの兵士を遠ざけて2人きりになる。今までお預けにしていた、本当のキスをしようとするが期待はずれに終わる。

場面 19-1　キスは額に　00:25:50～00:26:19

Scarlett　:Rhett!

Rhett　:Scarlett! My dear little sister.

　　　　　:It's... It's all right, Corporal. My sister has brought me no files or saws. Can I really kiss you now?

Scarlett　:On the forehead like a good brother.

Rhett	:No, thanks. I'll wait and hope for better things.
スカーレット	:レット！
レット	:スカーレット！ 愛しい妹よ。
	:大丈夫…大丈夫だよ、伍長。僕の妹はヤスリやノコギリ（脱獄の道具）を持ってきたわけじゃない。今度は本当にキスしてもいいかい？
スカーレット	:額にね、立派なお兄さんのように。
レット	:いいや、それなら結構だ。待って良い状況を期待しよう。

WORDS file: やすり　saw: のこぎり　forehead: おでこ　better things: もっと良いこと

シーンの解説：レットは、スカーレットが本気で彼を愛するようになるまで、キスをしないと考えていた。ようやく、その時が来たと勘違いした。

　スカーレットは、無心に来ていることなどおくびにも出さず優雅な生活ぶりをアピールする。レットの身を案じながらも、アトランタ脱出後タラに向かう途中で放り出された時のことを話し、「まだ許さない」とすねてみせる。レットは彼女のかわいい仕草にほだされて肩を抱き手を握る。そこまではスカーレットの計画通りに進む。しかし、彼女の手にキスをし、掌を見たとき、レットは全てを悟る。着飾っていても、畑仕事でできた手の豆は隠せない。

場面 19-2　見せかけの優しさ　00:27:09〜00:28:07

Scarlett :Now, I didn't come here to talk silliness about me, Rhett. I came because I was so miserable at the thought of you in trouble. Oh, I know I was mad at you the night you left me on the road to Tara... and I still haven't forgiven you.

Scene 19

Rhett   :Oh, Scarlett, don't say that.

Scarlett :Well, I must admit I might not be alive now, only for you.

:And when I think of myself with... with everything I could possibly hope for... and n... not a care in the world, and... and you here in this horrid jail... and not even a human jail, Rhett, a horse jail.

:Oh. Oh, listen to me trying to make jokes when... when I really want to cry. In a minute I shall cry.

Rhett   :Scarlett, can it be possible that...

Scarlett :Can what be possible, Rhett?

Rhett   :That you've grown a woman's heart, a real woman's heart?

Scarlett :I have, Rhett. I know I have.

Rhett   :You know, it's worth being in jail just to hear you say that. It's well worth it.

スカーレット :ところで、自分のばか話をしに来たわけじゃないのよ、レット。あなたが窮地に立っていると思うととても憂うつになるから来たのよ。ああ、タラへ向かう途中であなたが私を見捨てたことに腹を立てているのは確かだし…そして私はまだそれを許していないわ。

レット :おお、スカーレット、そのことは言わないでくれ。

スカーレット :でも、あなたがいなければ、今、私は生きていないということは認めなくちゃならないわ。

:そして、私のことを考えると…私の望むものは全て手に入り…そして世の中に心配事がないときに、あなたはこの恐ろしい刑務所にいると思うと…それも人間用の刑務所じゃなくて、レット、馬用の刑務所に。

:ああ、ああ、本当は泣きたいときに、冗談を言おうとしている私の言うことを聞いて。もう少しで泣いてしまいそうだわ。

レット :スカーレット、そんなことってあるのかな…

スカーレット :そんなことがあるって、なにが、レット？

レット :つまり女性らしい心が育ってきたのかい、本当の女性らしい心が？

スカーレット :その通りだわ、レット。私にはそれがあるって分かるわ。

レット　　　　：いいかい、君のその言葉が聞けるだけでも、刑務所に入った価値があるよ。十分価値がある。

WORDS talk silliness: ばか話をする　miserable: 惨めな　mad at: 腹を立てる
forgive: 許す　admit: 認める　care: 心配, 苦労　horrid jail: 恐ろしい刑務所　worth: 価値がある

シーンの解説：レットはスカーレットの美しいドレスに魅せられ、You look good enough to eat.（食べちゃいたいくらい素敵だ）と言って感激していた。

彼女がお金目的で近づいてきたことを知ったレットは急に冷淡になる。スカーレットは、タラの税金を払うためには彼と結婚するしかないと思っている。それができなくても情婦にでもなる覚悟でいたが、その望みも絶たれる。

場面19-3　君に300ドルの価値はない　00:29:03〜00:29:48

Scarlett　：You once said you loved me. If you still love me, Rhett...

Rhett　：You haven't forgotten that I'm not a marrying man.

Scarlett　：No, I haven't forgotten.

Rhett　：You're not worth $300. You'll never mean anything but misery to any man.

Scarlett　：Go on, insult me. I don't care what you say, only give me the money. I won't let Tara go. I can't let it go while there's a breath left in my body. Oh, Rhett. Won't you please give me the money?

Rhett　：I couldn't give you the money if I wanted to. My funds are in Liverpool, not in Atlanta. If I tried drawing a draft, the Yankees'd be on me like a duck on a June bug. So you see, my dear, you've abased yourself to no purpose.

Scene 19

スカーレット	：あなたはかつて私を愛していると言った。もしまだ私を愛しているなら、レット…
レット	：君は俺が、結婚しない男だということを忘れたわけじゃないだろう。
スカーレット	：いいえ、忘れていないわ。
レット	：君には300ドルの価値は無い。君はどんな男にとっても「惨め」以外の何ものでもない。
スカーレット	：どうぞ、侮辱しなさいよ。お金をくれるんだったら、あなたが何というおうとかまわないわ。タラを手放したくない。私の息があるうちは手放すことはできないわ。ああ、レット、どうぞそのお金をちょうだい。
レット	：お金をあげたくても、あげられない。俺の金はリバプールにあって、アトランタにはない。もし俺が手形を発行すれば、ヤンキーたちは、アヒルが6月の虫に乗っかかるように、俺に乗っかかってくる。だから分かるだろう、愛しい君、君は自分の品位を下げたけど無駄だった。

WORDS misery: 悲惨，惨めさ go on: 言い続ける，続ける insult: 侮辱する let go: 手を放す，あきらめる funds: 金，蓄え，資金 draft: 手形 June bug: June beetle の別名，コガネムシの一種 abase: 品位を落とす to no purpose: 無駄に，いたずらに

シーンの解説：残念ながらレットの金はすぐに引き出すことはできない。北軍に知れたら没収されてしまう。原作では、レットは Was I the only iron you had in the fire?（君が火の中に入れた鉄は俺だけか？）と尋ねている。これは、「金を巻き上げようと考えた男は俺だけか？」という意味である。彼はスカーレットが、昔と比べて男をひっかける腕が鈍ったとからかい、遺言状に彼女の名前を載せてやろうと言った。

　恥をさらした懇願も空しく、レットから300ドルをせしめることができず、罵声を浴びせて出ていくスカーレット。入れ違いにベル・ワトリングがレットの面会に現れる。ベルは娼婦だが、心根が優しくレットがもっとも信頼する女である。
　外へ出るとアトランタの町はヤンキーや解放黒人がばっこし、カーペットバガーと呼ばれる北部の渡り政治屋が演説をぶっている。

女性の結婚観

　植民地時代のアメリカ南部は、移住者の多くが男性であり女性の数が不足していたため、女性にとって結婚相手を選ぶには苦労しなかった。若くして年上の男性と結婚し、10年足らずで未亡人になるのが一般的で、夫の財産を引き継いだ裕福な女性は、よりいっそう結婚相手として望ましいと考えられていた。その後、男女比率が安定し、南北戦争の起こる19世紀には、人々の生活も豊かになり、恋愛を楽しむ時代になったが、結婚は依然として家やプランテーションを繁栄させるための政略としての側面をもっていた。映画の中でスカーレットは3度結婚しているが、当時としては特別珍しいことではなかったと思われる。ただし、プロポーズはあくまで男性からするものであり、女性はあくまで真摯に喪に服する態度を崩してはならない。

　ヨーロッパの影響を強く受けた南部の上流社会では、映画でのパーティー場面そのままに、年頃の娘を社交界にデビューさせて好ましい男性を捜し求めた。パーティーが重要な婿選びの場であり、好みの男性からプロポーズを受けるために、母親から、いかにして男性の気をひくかというような、恋愛の手解きを受けていた。女性の第一の義務は結婚であり、結婚観としては、いかに手練手管をくして、財産のある良い男と結婚するかにかかっていた。しかし結婚前の恋愛ごっこは自由でも、結婚後は良妻賢母であることを押しつけられ極めて窮屈であったと言われている。すなわち、男女の役割分担がはっきりしており、男性が家庭外のことに関して責任を負うのに対して、女性は家庭内のことを全てまかされた。結婚後は家を支えるために、子供の教育、夫の世話、使用人たちの取りまとめ等、何でもこなさなければならなかった。結婚前は、ことさらか弱く、世間知らずの可愛いだけの女として振る舞い、結婚後は正反対に、家庭を円満にするための賢さとタフさを備えねばならない。

Scene 20

DVD Side B Chapter 10 (32〜37分)
フランクとの再会
『策略結婚、そして製材所経営』

Would you mind if I put my hand in your pocket?

あなたのポケットに私の手を入れても良いかしら？

レットとの交渉が失敗した後、偶然フランク・ケネディに出会う。フランクはアトランタで事業を起こし成功している。彼が1000ドル儲けたことを知ると、スカーレットは巧みに言い寄り、この妹スエレンの婚約者を奪い結婚してしまう。スカーレットは再び結婚したにも関わらず、アシュレーへの思いをすてきれない。ニューヨークの銀行で働こうとするアシュレーを引き止め、アトランタで製材所を手伝ってくれるよう説得する。

スカーレットは、レットの誘惑に失敗する。そして途方に暮れてアトランタの町中を歩いている時、懐かしい声を聞く。妹スエレンの婚約者、フランク・ケネディが彼女を見つけて話しかける。フランクは戦後、放棄された陶器や毛布などを集めて商売を始め、順調にやっていると言う。

場面 20-1　フランクの商売　00:32:19〜00:33:05

Scarlett　：You're not making money?

Frank　：Well, I can't complain. In fact, I'm mighty encouraged. Folks tell me I'm just a born merchant. It won't be long now before

	Miss Suellen and I can marry.
Scarlett	:Are you doing as well as all that?
Frank	:Yes, I am, Miss Scarlett. I'm no millionaire yet... but I've cleared $1,000 already.
Scarlett	:And lumber, too.
Frank	:Well... that's only a sideline.
Scarlett	:A sideline, Frank? With all the good Georgia pine around Atlanta and all this building going on?
Frank	:Well, all that takes money, Miss Scarlett... and I've got to be thinking about buying a home.
Scarlett	:Well, what would you want a home for?
Frank	:For Miss Suellen and me to set up housekeeping.
Scarlett	:Oh, here in Atlanta. You'd want to bring her to Atlanta, wouldn't you? There wouldn't be much help in that for Tara.

スカーレット	:お金を儲けたんじゃないですか？
フランク	:そうですね、文句は言えないですよ。実際、私はとても勇気づけられています。みんな私のことを生まれつき商才があると言います。スエレンさんと私が結婚できるのも、そう遠くないです。
スカーレット	:全て順調にやってるんですか？
フランク	:はい、スカーレットさん。私はまだ百万長者じゃありませんが···すでに1000ドルは儲けました。
スカーレット	:木材も（扱っているの）？
フランク	:ええっと···それは単なる副業ですよ。
スカーレット	:副業ですって、フランク？アトランタのまわりには良質のジョージア松があるし、建物がどんどん建ってるでしょ？
フランク	:ええっと、それにはお金がかかるんですよ、スカーレットさん···そして家を買うことを考えないといけないんですから。

Scene 20

スカーレット　：それで、何のために家が必要なんですか？
フランク　　　：スエレンさんと私が所帯をもつためです。
スカーレット　：ああ、ここアトランタで。あなたは彼女をアトランタに連れてくるつもりなんですね？　それじゃ、タラのためにあまり役にたたないわ。

WORDS

complain: 不平を言う　mighty: 非常に、強力に　be encouraged: 勇気づけられる、勢いがつく　folk: 人々　born merchant: 根っからの商人、生まれつきの商才　as well as: 同様に上手く　millionaire: 百万長者、大金持ち　clear: 利益を上げる、儲ける　set up housekeeping: 所帯をもつ

シーンの解説：フランクは、終戦後、タラで養生した時があった。通常なら、スエレンの父ジェラルドに2人の結婚許可を願うが、当時、ジェラルドは、母エレンの死によるショックから立ち直れず、精神的におかしくなっており、一家を支えていたスエレンの姉スカーレットに2人の結婚許可をもらった経緯がある。フランクはスエレンと結婚するために必死に働いてお金を貯め、ようやく夢がかなう時期に来ていた。2人は時々手紙のやりとりをしていたが、そのことをスカーレットは知らなかった。

　フランクが1000ドル儲けたという話を聞き、更に製材所を始めるという彼の言葉に、スカーレットは急に関心がわいてくる。彼はスエレンとの結婚を望んでいるが、2人を結婚させれば、タラの税金300ドルは彼女に入ってこないだろう。彼女は目を輝かせ、ひとつの決意を胸にフランクに近づく。

　スカーレットは、スエレンがフランクを裏切って結婚すると嘘をつき、彼の落胆に付け入って彼を誘惑する。彼のポケットに手を入れて気を引くという大胆な行動に、フランクは驚き、それを見ていたマミーもあ然とする。

場面 20-2　フランクを誘惑　00:33:48～00:34:24

Frank　　　:You must tell me, Miss Scarlett. Don't leave me on tenterhooks.

Scarlett :Well, she's going to marry one of the country boys next month. She just got tired of waiting, and was afraid she'd be an old maid and... Oh, I'm sorry to be the one to tell you.

:Oh, it's colder. I left my muff at home. Would you... Would you mind if I put my hand in your pocket?

フランク :言ってください、スカーレットさん。やきもきさせないでください。

スカーレット :ええっと、彼女は来月、田舎者のひとりと結婚します。彼女はただ、待ち疲れてオールドミスになるのを恐れたんです、そして…ああ、私があなたにこんな事を言わなくてはならないのは残念です。

:ああ、寒くなってきたわ。私は家にマフを置いてきてしまったの。あのー、あなたのポケットに私の手を入れてもいいかしら？

WORDS on tenterhook: やきもきして　muff: マフ＝毛皮や厚地の布を筒状に縫ったもの。両側から手を入れて暖める。

シーンの解説：マミーは最初から、スカーレットがアトランタで男を誘惑して300ドルを手に入れようとしているのを感じていた。彼女にはスカーレットの考えはいつでもお見通しである。原作では、レットとの結婚には反対だが、フランクとの結婚なら協力すると言っている。彼女は、ある意味でスカーレットよりも現実主義者であり、タラを守るために必要と感じたのであろう。この策略結婚がスエレンに漏れることなく進められたのはマミーの協力に負うところが大きい。

　2週間後、スカーレットはフランクと結婚する。タラの税金は、スカーレット・オハラ・ケネディとサインした300ドルの小切手で税務署に支払われる。スカーレット21才の時である。スエレンは恋人をとられて嘆き悲しむが後の祭りである。

　スカーレットは、製材所が金になることを知っている。夫のフランクに内緒で金を工面し、材木を調達して、ヤンキー相手にあくどい商売を始める。

　スカーレットがタラの為に、愛してもいない男と結婚したことに対して、アシュレーは責任

を感じている。彼女に養われていることを恥じて、ニューヨークの銀行で働くことを決意し彼女に告げる。しかし、それを聞いたスカーレットは狼狽する。

　何とかアシュレーを引き止めようと、彼に製材所を手伝ってくれるように頼むが、アシュレーの決意は固い。アシュレーが部屋を出ていこうとすると、スカーレットは急に泣き崩れる。しかし涙は出ていない。嘘泣きで彼を引き止める作戦を思いつく。泣き声を聞いたメラニーが駆け寄ってスカーレットを抱きしめる。人の良いメラニーはスカーレットの下心も知らず、アシュレーを非難する。2人の説得にかかってはアシュレーも従わざるを得ない。アシュレーは彼女の製材所を手伝うためにアトランタへ行くことにする。

場面 20-3　アシュレーを引き止めるために　00:36:12〜00:37:10

Scarlett　：Ashley's so mean and hateful.

Melanie　：What have you done?

Ashley　：She... She wanted me to go to Atlanta.

Scarlett　：To help me start my lumber business. And he won't lift a finger to help me, and he...

Melanie　：Why, how unchivalrous of you. Why, think Ashley, think. If it hadn't been for Scarlett, I'd have died in Atlanta.

　　　　　　：And... And... And maybe we wouldn't have had little Beau, and... and when I think of her picking cotton and plowing just to keep food... in our mouths, I could just... Oh, my darling!

Ashley　：All right, Melanie. I'll go to Atlanta. I can't fight you both.

スカーレット　：アシュレーはとても意地悪で嫌だわ

メラニー　：何をしたの？

アシュレー　：彼女は…彼女は僕にアトランタに行って欲しかったんだ。

スカーレット　：私が製材所を始めるのを手助けしてもらうために。それなのに彼は私を助けるのに指

　　　　　　　　　　一本動かそうとしないの。そして彼は･･･

メラニー　　　:どうして？　何て恩知らずなの！　どうして、考えて、アシュレー、考えて！　もしスカーレットがいなかったら、私はアトランタで死んでいたわ。

　　　　　　　　:そして･･･そして･･･そして多分、可愛いボーも生まれてなかっただろうし、そして･･･そして、彼女が私たちを食べさせるために、綿を摘んだり、耕作したことを考えてると･･･、私はただ･･･ねえ、あなた！

アシュレー　:分かったよ、メラニー。僕はアトランタに行くよ。君たち２人には逆らえない。

WORDS　　**mean and hateful:** 意地悪で嫌な　**lumber business:** 製材所の仕事　**unchivalrous:** 騎士らしくない，義侠心に欠けた，非騎士道的な　**fight:** 戦う

　戦前は立派な紳士であったアシュレーも、戦後全てを失ってからは精彩がない。アシュレーを引き止めるための嘘泣き芝居がうまくいって、満足げなスカーレットの表情が印象的である。彼女は非常に握力の強い女性で、欲しいと思ったものは手に入れないと気が済まない性格である。

Scene 20

NO. 11

映画関連ミニ情報

南部文化

南部文化はヨーロッパのロマン主義の影響を強く受けている。奴隷の安い労働力を使って大農園（プランテーション）を経営し綿花や農作物を栽培する。産業革命で繊維工業が発達したヨーロッパへ輸出することで大きな利益が得られた。奴隷の働きによって、農作業や雑事から開放された農園主やその家族たちの間には、優雅な南部独特の文化が生まれた。家族に対する強い愛着と、紳士、淑女を重んじる文化である。それらを代表する、「サザンホスピタリティー」と「サザンベル」ついて簡単に紹介する。

「サザンホスピタリティー」とは客人を温かくもてなす習慣である。映画がパーティーの場面から始まったように、親しい友人／親戚を呼んだパーティーが頻繁に行われていた。南部人はホストとして客をもてなすことも、客として訪問することも好んだ。友人や親戚を訪ねて数ヶ月長期滞在することもよくあった。豊かな時代であった。

「サザンベル」とは、マグノリアの花のように淑やかで美しく、優しさを兼ね備えた南部女性の呼称である。また、「ベル」は通常、結婚前の上流階級に属する白人少女のことを指し、結婚すれば「レディー（淑女）」となり、「ベル」と「レディー」は明確に区別される。結婚前の「ベル」は、スカーレットがそうであったように、若い男性を挑発したり、自由奔放に振舞うことを許されている。しかしいったん結婚して「レディー」となれば、スカーレットの母エレンの生き方に代表されるように、派手な行動は慎み良妻賢母となることを求められる。

1867

スカーレット 22才

写真協力 （財）川喜多記念映画文化財団

Scene 21

DVD Side B Chapter 11 (37〜41分)
製材所経営（1）
『アシュレーを仲間に』

There's nothing much that money won't buy.

お金で買えないものはそんなにない

戦火で焼けたアトランタは戦後、復興の為の建築ブームとなる。フランクがサイドビジネスと考えていた製材所に目をつけたスカーレットは自分で切り盛りし大きくしていく。今ではアシュレーも手伝っている。労務費の安い囚人を使い、ヤンキー（北部人）相手に商売をするスカーレットの評判は悪くなっていく。

スカーレットは製材所の労務費を安くあげるために囚人を使う。囚人たちを使う仕事は、ジョニー・ギャレガーという北軍の男にまかせている。フランクもアシュレーもそのことに反対するが、スカーレットは全く意に介さない。フランクを家に追い返しアシュレーに対しても自分の主張を展開する。彼女は、あのタラの大地に向かって「決して飢えない」と誓ったように、どんなに酷いことをしても金儲けをするつもりだ。ヤンキーに媚びを売ってでも、彼らと同じ土俵に立ち、彼らをやっつけてやる、という気持ちなのだ。

場面 21-1　アシュレーの不満　00:38:28〜00:38:57

Ashley :Scarlett, I don't like to interfere, but... I do wish you'd let me hire free darkies instead of using convicts. I believe we could do better.

Scarlett :Darkies! Why, their pay would break us, and convicts are dirt-cheap. And if we just give Gallegher a free hand he can...

Ashley :A free hand! You know what that means. He'll starve them and whip them. Didn't you see them? Some of them are sick, underfed.

Scarlett :Oh, Ashley, how you do run on. If I left you alone, you'd be giving them chicken three times a day and... tucking them to sleep with eiderdown quilts.

Ashley :Scarlet, I will not make money out of the enforced labor and misery of others.

アシュレー :スカーレット、干渉したくはないけど、しかし…囚人を使う代わりに、ぜひ解放黒人を雇わせてほしい。もっとうまくやれると思うよ。

スカーレット :黒人ですって！　どうして、彼らに払う賃金で破産してしまうわ、それに囚人はすごく安いのよ。そして、ギャレガーに自由にやらせておけば、彼は…

アシュレー :自由にやらせるだって！　君はそれがどういうことか分かっているのか？　彼は囚人たちを飢えさせたり、鞭で打ったりするよ。彼らを見なかったのかい？　何人かは病気だし、栄養失調だ。

スカーレット :ああ、アシュレー、あなたはなんてよく喋るんでしょう。もしあなたひとりに任せたら、彼らに一日3回鶏肉を与え、そして…羽布団で寝かせるでしょうね。

アシュレー :スカーレット、僕は強制労働や、他人を不幸にしてまで、お金儲けはしたくない。

WORDS **interfere:** 干渉する、邪魔する　**free darky:** 解放黒人（darky は古い表現で、差別的意味合いが強い）　**convict:** 囚人　**break:** 破産させる、破滅させる　**dirt-cheap:** 非常に安い、格安の　**give a free hand:** 自由裁量を与える、完全に任せる　**starve:** 飢えさせる　**whip:** 鞭で打つ　**underfed:** 栄養不良の　**run on:** 喋り続ける　**tuck:** （毛布などで）包み込む　**eiderdown quilt:** 羽布団（掛け布団）　**enforced labor:** 強制労働　**misery:** 惨め、不幸

シーンの解説： 当時、妻の役割は家庭を守ることであり、スカーレットの様に商売をする女性は珍しかった。彼女は、囚人を使ったり、粗悪品の木材をだまして売りつけるとい

Scene 21

うようなあくどいこともやった。しかし南部紳士のルールは女性に甘く、紳士が婦人に嘘をつくことは許されないが、婦人が紳士をだましたとしても大目にみられる傾向がある。また婦人に対して嘘つき呼ばわりすることは紳士としてはあるまじき醜い行為と見なされていたので、それを逆手にとったスカーレットの商売は繁盛していった。

店の名前も「ウィルクス＆ケネディ」に変えてアシュレーが気兼ねなく働けるように手配する。メラニーはスカーレットがヤンキー（北部人）とも平気で取引をするのをみて非難する。しかしスカーレットは、ヤンキーでも何でも利用して金儲けをしようと思っている。

場面 21-2 何でも利用してやる　00:39:50〜00:40:03

Melanie :But Scarlett, you're doing business with the same people who robbed us... and tortured us and... and left us to starve.

Scarlett :All that's past, Melly. And I intend to make the best of things, even if they are Yankee things.

メラニー :でも、スカーレット、あなたは私たちから強奪した連中と取り引きしているのよ…私たちを苦しめ、そして…私たちを飢え死にさせるためにほったらかした。

スカーレット :全て過去のことよ、メラニー。そして、できるだけ利用してやるつもりよ。たとえそれらがヤンキーのものであっても。

WORDS　do business with: 仕事をする、取り引きする　rob: 奪う　torture: 苦しめる　leave us to starve: 飢えさせる　make the best of: できるだけ利用する、なんとか我慢する

シーンの解説：戦争でアトランタの町は焼け野原となった。また北部からやってきた連中がアトランタに定住しようとすると家を建てなければならない。建築ブームとなり、スカーレットの製材所が繁盛した。

スカーレットが馬車で出かけようとした時に、レットがやってくる。彼は、金の力で縛り首にならずに監獄を出てきている。レットは、スカーレットの馬車に書いてある「ウィルクス＆ケネディ」の会社名をみて、君もアシュレーを金で買ったじゃないかと言う。

場面 21-3 レットの訪問　00:40:35～00:40:59

Scarlett :What is it you want? I have important things to do.

Rhett :Would you mind satisfying my curiosity on a point which has bothered me for some time?

Scarlett :Well, what is it? Be quick.

Rhett :Tell me, Scarlett, do you never shrink from marrying men you don't love?

Scarlett :How did you ever get out of jail? Why didn't they hang you?

Rhett :Oh, that! Not much trouble. There's nothing much that money won't buy.

:I observe it's even bought you the honorable Mr. Wilkes.

スカーレット :何の用？大事な仕事があるの。

レット :かねてから俺を悩ませてきた点について、俺の好奇心を満足させてもらえないだろうか？

スカーレット :さあ、何のことかしら？　早くしてね。

レット :教えてくれ、スカーレット。愛していない男と結婚することに尻込みしないのか？

スカーレット :どうやって刑務所から出てきたの？　なぜあなたを縛り首にしなかったの？

レット :ああ、そのことか！　大したことじゃない。金で買えないものは、そんなにないってことさ。

:みたところ、君は、尊敬すべきウィルクス氏でさえ、お金で買えたんじゃないのか。

WORDS

satisfy: 満足させる，納得させる　**curiosity**: 好奇心　**bother**: 悩ませる，困らせる　**for some time**: かねてか　**quick**: 早く　**shrink**: 尻込みする，嫌がる　**get out of**: ～外に出る　**hang**: 縛り首にする　**observe**: 観察する，意見を述べる　**honorable**: 尊敬すべき，名誉ある

Scene 21

シーンの解説：レットには封鎖破りで儲けた莫大な隠し財産がある。ヤンキーは彼を捕まえて監獄に入れ、そのありかを知ろうとしたがかなわなかった。彼を殺してしまえば、財産の行方は分からない。結局、彼と取り引きし、買収されることで放免した。

スカーレットはレットとの皮肉の応酬の後、スラム街を抜けて製材所へ行くという。危険は承知の上で拳銃を持っている。馬に鞭をあてて走り去るスカーレットをみてレットがつぶやく。What a woman!（何て女だ！）。この What a woman! には、驚きと共に、ある種の尊敬の念が込められている。

NO. 12

映画関連ミニ情報

人種差別について

　小説がロングベストセラーになり、多くのアメリカ人が映画をみて『風と共に去りぬ』のファンになったと言われるが、黒人の反応は複雑である。映画に登場するマミー、プリシー、ポークといった黒人が所有者である白人に忠誠を尽くす姿は民族の誇りを痛く傷つけられるようだ。使用人役を演じた黒人俳優は、むしろ、黒人側からの厳しい批判を浴びている。

　黒人として初めてのアカデミー賞助演女優賞を受けたマミー役のハティー・マクダニエルは全米黒人向上協会（NAACP）からの批判に対して、"I'd rather play a maid than be one." （本当のメイドとして生きるより、メイド役を演じる方を望む）と胸を張って答えた。

　また、プリシー役のバタフライ・マックイーンは、黒人の品位をおとしめるへまな役どころを非難された。余暇にはハーレムでボランティア活動を続けたマックイーンだが、晩年はセルマという本名を名乗りプリシー役を演じたことを隠していたと言われる。

　アメリカ南部の農場労働力を確保するために、1619年頃から始まった黒人奴隷制度は1865年の奴隷解放令で終結した。しかし、その後公民権運動等を経て130年以上経過した今でも黒人に対する人種差別は完全には消えていない。

Scene 22

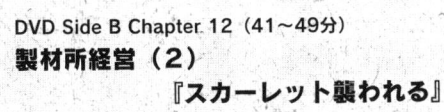

DVD Side B Chapter 12 (41〜49分)
製材所経営（2）
　　　『スカーレット襲われる』

These two have been with me tonight.

この2人は今晩僕と一緒にいたんだよ

　製材所を繁栄させるために、男勝りに馬車で駆け回るスカーレット。ある日、1人で製材所へ向かうためにスラム街を抜けようとしていた時、暴漢に襲われる。その時、昔タラで使用人だったビック・サムに救われる。スカーレットがショックを受けているにもかかわらず、夫のフランクは政治集会に出かけていく。スカーレットはメラニーの家に行くが、そこには北軍の兵隊が現れる。

　アトランタの町は解放黒人の乱暴が横行している。製材所へ出かける途中、通らねばならないスラム街は、アトランタ近辺でも、最も評判の悪い場所である。黒人のならず者や貧乏白人（プア・ホワイト）がたむろしている。スカーレットがスラム街に入り、小さな橋を渡ろうとした時、2人の男が現れ彼女の馬を止める。金を要求する男に鞭を向けて抵抗するが、男は彼女を捕まえて馬車から引きずりおろそうとする。拳銃を取り出し撃とうとするが、奪われて拳銃を落とす。
　戦前、外働きの使用人としてオハラ家に仕えていたビッグ・サムが近くにいたのが幸いだった。スカーレットの叫び声を聞いたサムは駆けつけて、2人の暴漢をやっつけて彼女を救う。サムはスカーレットを家まで送っていく。フランクはサムに礼を言い、彼にタラに戻るように勧める。
　フランクの態度は優しかったが、目には何かを思い詰めたような輝きがある。彼はスカーレットがメラニーの所へ行くことを勧め、ポケットに拳銃をしのばせて政治集会に出かけてく。

121

Scene 22

場面 22-1 フランクは政治集会へ　00:44:03～00:44:42

Frank　　　:Scarlett, change your dress and go over to Miss Melly's for the evening. I've got to go to a political meeting.

Scarlett　:A political meeting! How can you go to a political meeting after what I've been though this afternoon?

Frank　　　:Oh, sugar! You're more scared than hurt.

Scarlett　:Nobody cares about me. You all act as though it were nothing at all.

フランク　　:スカーレット、服を着替えて、メラニーさんのところへ行って、今晩はそこにいなさい。僕は政治集会に行かなければならない。

スカーレット:政治集会ですって！　今日の午後、私がひどい目にあった後で、どうして政治集会なんかに行けるの？

フランク　　:ねえ、おまえ！　おまえは取り越し苦労をしているだけだよ（傷ついたというより怖かっただけ）。

スカーレット:誰も私のことを気にかけてくれないわ。みんな、あのことは、なんでもなかったように振る舞っているわ。

WORDS　　political meeting: 政治集会　have been through: 苦労する，ひどい目にあう，経験する　be more scared than hurt: 取り越し苦労をする　care: 気遣う，心配する　as though: まるで～のように

シーンの解説：惚れた弱みから、いつもは、スカーレットの顔色をうかがって発言するフランクだが、今日は毅然としている。フランクがスカーレットに見せた最初で最後の堂々とした態度である。

メラニーの家では女たちがテーブルを囲んで静かに縫い物をしている。沈黙に耐えられなくなったスカーレットは、彼女をほったらかして政治集会に行ったフランクの悪口を言い始める。彼女を睨み付けるアシュレーの妹、インディアに突っかかり口げんかが始まるが、ミード夫人のひとことでおさまる。ミード夫人の言葉には、喧嘩をやめろという忠告だけでなく、政治集会に関わる秘密がオープンになることを恐れる響きがある。スカーレットはその秘密を知らされていない。

場面 22-2 男たちの秘密　00:45:17〜00:45:31

India :I do hate you! You've done all you could to lower the prestige of decent people. And now you've endangered the lives of our men, because they've got to...

Melanie :India!

Mrs. Meade :I don't think we'd better say any more, or one of us'll be saying too much.

インディア ：あなたが大嫌い！あなたは立派な人々の威信を下げるようなことを全てやったわ。そして今あなたは、(南部の)男たちの命を危険にさらしているのよ。なぜなら彼らは…

メラニー ：インディア！

ミード夫人 ：もうこれ以上喋らない方がいいわ。さもないと私たちの誰かが喋りすぎてしまうから。

WORDS hate: ひどく嫌う, 憎む　prestige: 名声, 威信　decent people: 立派な人, 上品な人, きちんとした人　endangered: 危険にさらされた, 絶滅寸前の

シーンの解説：インディアには、元々彼女の恋人だったチャールズをスカーレットにとられた恨みがある。原作ではチャールズの元恋人は姉のハニー・ウィルクスということになっているが、映画にはハニーは登場しない。

Scene 22

突然のドアのノックにみんなが身構える。メラニーは覚悟を決めたように拳銃を手にする。マミーがドアを開けるとレットが飛び込んでくる。彼はせっぱ詰まった様子でメラニーに男たちの行方を聞く。インディアが止めるが、メラニーはレットを信じて行き先を教える。

場面 22-3　男たちの行方　00:45:59〜00:46:32

Rhett :Where have they gone? Now, you've got to tell me, Mrs. Wilkes. It's life or death!

India :Don't tell him anything. He's a Yankee spy.

Rhett :Quickly, please! There may still be time.

Melanie :How did you know?

Rhett :I've been playing poker with two Yankee captains. The Yankees knew there'd be trouble tonight. They've sent their cavalry out to be ready for it. Your husband and his friends are walking into a trap.

India :Don't tell him! He's trying to trap you!

Melanie :Out the Decatur Road. The old Sullivan plantation. The house is burned. They're meeting in the cellar.

Rhett :I'll do what I can.

レット　　 :みんなはどこへ行ったんです？　さあ、言ってください、ウィルクス夫人。人の生死にかかわることです！

インディア :彼には何も言わないで。彼はヤンキーのスパイよ。

レット　　 :早く、お願いします！　まだ間に合うかもしれない。

メラニー　 :どうして知ったのです？

レット	:私は2人の北軍大尉とポーカーをしていました。ヤンキーは今晩騒動があることを知っていました。奴らは騎兵隊を送って待ちかまえています。あなたのご主人と仲間は罠にはまろうとしています。
インディア	:彼には言わないで！　彼はあなたを罠にはめようとしているのよ！
メラニー	:ディケーター通りのはずれです。古いサリバン農園です。家は焼けています。彼らは地下室に集まっています。
レット	:私のできるだけのことはやってみます。

WORDS **trouble:** 騒動, 混乱, 問題　**Cavalry:** 騎兵隊, 機甲部隊　**be ready for:** 準備が整っている, 待ちかまえている　**walk into a trap:** 罠にはまる　**out:** はずれの　**cellar:** 地下室, 穴蔵

シーンの解説：メラニーとレットは、一方は模範的な南部淑女、他方は嫌われ者の無頼漢と、接点が無いようにみえるが、どちらも見かけにだまされず、物事の本質を見抜く心を持っている。恋人同士には不釣り合いな2人だが、お互いの信頼感は強い。

　スカーレットは男たちが、自分の為に復讐を企てていたことを知って驚く。騎士道を尊重する南部の男としては、当然のこととはいえ、捕まればみんな縛り首になってしまう。その時、外で馬の足音が聞こえ、恐れていた北軍の兵士がアシュレーを探しに現れる。彼らは、フランクの店で、実際に政治集会が行われていないことを知っている。アシュレーが家の中にいないと聞くと、外で帰りを待つ。女たちは再び縫い物を続け、緊張した雰囲気を和らげるため、メラニーは声を上げて本を読み始める。

Scene 23

DVD Side B Chapter 13 (49～54分)
スラム街襲撃
『レットの機転、そして再び未亡人に』

He's lying out on Decatur Road, shot through the head.

彼は頭を打ち抜かれてディケーター通りで横たわっている

アシュレー、フランク、ミード医師らは、スカーレットの事件に復讐するためにそのスラム街を襲撃する。その後、北軍の警備隊に追われた彼らは、レットの機転で救われる。彼らはレットの愛人ベル・ワトリングらと女遊びに興じていたと嘘をつく。スカーレットは負傷したアシュレーを気遣う。レットは同行したフランクが警備隊に撃ち殺されたことを告げる。スカーレットは再び未亡人となる。

　北軍兵士が家の回りを見張っている中、アシュレーがミード医師、レットと一緒に帰宅する。彼らは酔っぱらったふりをしており、アシュレーを逮捕しようとする北軍大尉を相手に大芝居をうつ。彼らは全員レットと一緒にいたと告げる。

場面23-1 レットの機転　00:50:46～00:51:13

Captain ：A lot of those shanties were burned. A couple of men were killed. It's about time you rebels learned you can't take the law into your own hands.

：What are you laughing at?

Rhett	:This isn't your night to teach that lesson, Tom. These two have been with me tonight. Yes, sir.
Captain	:With you, Rhett? Where?
Rhett	:I don't like to say in the presence of ladies.
大尉	:それらの多くの小屋が焼けた。何人かの男が殺された。おまえたち反逆者が勝手に制裁を加えることができないということを理解しても良い頃だろう。
	:何を笑っているんだ？
レット	:そんな説教を聞く晩じゃないよ、トム。ここの2人は今晩、俺と一緒にいたんだよ。そうだとも。
大尉	:君と一緒だって、レット？どこに？
レット	:ご婦人方の前では言いたくないよ。

WORDS shanty: 掘っ立て小屋, 小屋　rebel: 謀反人, 反逆者, 反抗者　take the law into one's own hands: (法律の力をかりずに)勝手に制裁を加える, リンチを加える　teach〜a lesson: 〜を懲らしめる, ひとつ教えて[思い知らせて]やる, 焼きを入れる, 説教する　Yes, sir!: そうだとも！

シーンの解説：南部が戦争に負けたことで、奴隷制度が廃止され、解放奴隷が町にあふれた。それまで支配されていた者たちに急に自由と人権が与えられると、うっ積していたものが吹き出す。支配者層であった白人たちとのトラブルが頻発し、白人たちは、自分たちの権利や家族を守るため、解放奴隷たちに制裁を加えることがあった。

　北軍はアシュレーたちが今晩、スカーレットの復讐のために、スラム街を襲うという情報を手に入れていた。しかし、レットの機転で、彼らとレットが一緒に酒を飲んでいたことを北軍に認めさせる。レットは北軍の将校と親交があり、また北軍の大尉も女性に対する礼儀をわきまえていたからこそ、この芝居がうまくいく。メラニーはわざと夫とレットを非難する。全てを瞬時に理解したメラニーの賢明な対応は見事である。

Scene 23

場面 23-2 紳士として誓う　00:51:57～00:52:08

Rhett　　:Ask Belle, if you don't believe me. She'll tell you, Captain.

Captain　:Will you give me your word as a gentleman?

Rhett　　:As a gentleman? Why, certainly, Tom.

レット　　:もし俺が信じられないならベルに聞いてくれ。話してくれるよ、大尉。

大尉　　　:紳士として誓えるか？

レット　　:紳士としてだって？　もちろん当然だよ、トム。

WORDS　　give one's word: 誓う，約束する　　as a gentleman: 紳士として　　certainly: もちろん，確かに

シーンの解説：外での女性問題を家庭に告げ口しないという男のルールは今も昔も同じである。大尉は売春宿で一緒に過ごしていたというレットの言葉を信用せざるを得なかった。

　レットとメラニーの見事な演技で北軍による逮捕を免れたアシュレーだが、肩を撃たれて負傷している。レットが駆けつけたときには、すでに北軍が現れて小競り合いが始まっていた。2人を助けだしたレットは、ベルの店にいたというアリバイ工作をする。メラニーはレットに心から感謝する。

　スカーレットもようやく、状況が飲み込めてくる。しかし彼女の頭の中は、アシュレーのことでいっぱいである。そんな彼女をじっと見つめていたレットは、彼女の夫フランクの死を告げる。

場面 23-3 フランクの死　00:54:00〜00:54:35

Scarlett :Oh, Ashley! Ashley!

Rhett :Have you no interest in what's become of your own husband, Mrs. Kennedy?

Scarlett :Hmm. Did Frank go with you to Belle Watling's?

Rhett :No.

Scarlett :Well, Where is he?

Rhett :He's lying out on Decatur Road... shot through the head. He's dead.

スカーレット　:ああ、アシュレー！　アシュレー！

レット　:あなたの御主人がどうなったか興味はないのですか、ケネディ夫人？

スカーレット　:ふーむ、フランクもあなたと一緒にベル・ワトリングのところへ行ったの？

レット　:いいや。

スカーレット　:じゃあ、彼はどこ？

レット　:彼はディケーター通りで横たわっている‥‥頭を打ちぬかれて。彼は死んだよ。

WORDS

interest: 興味　**lying:** 横たわること

シーンの解説：映画では伏せられているが、アシュレーやフランクが属していたのはクー・クラックス・クラン（KKK）である。KKKは終戦後、旧南部同盟指導者を中心に組織され、共和党による南部再建政策への反対や白人の優越維持のための活動を行ったのが始まりである。

映画関連ミニ情報

NO. 13

Ku Klux Klan (KKK) の誕生

　KKKと言えば、白人至上主義のカルト的／反社会的な秘密結社と考えられているが、その始まりは南北戦争を戦った元南軍軍人の作った同好会である。
　南北戦争が終って間もない頃、テネシー州の田舎町プラスクで生まれた。当初は古き良き南部の事や戦争の思い出などを語り合う無邪気な団体であった。しかし戦後、解放奴隷と呼ばれた黒人や北部から流れて来たならず者でごった返した混乱状態の中で、南部白人の家庭や妻子を守るための自警団へと姿を変えていった。更に新しい社会に不満を持つ白人会員が増えるに連れて過激化し、黒人やその仲間と目される白人を威嚇したり殺傷するテロリスト集団に変わっていった。白衣・白覆面をつけて十字架を燃やす儀式を行う。
　映画の中でも、製材所に向かうスカーレットを襲った暴漢に復讐を企てたのはKKKである。アシュレーやフランク、ミード医師が会員であったように、当時は保守派の教養人からも支援されていた。原作者のミッチェルも黒人奴隷制度やKKKに対しては肯定的な考えを持っていたように思われる。しかしこれはミッチェルが差別主義者であったというよりは、奴隷制を基盤とする南部文化の中で育ったものとしては、自然な考えだったのかもしれない。
　社会批判を恐れて、映画ではスカーレットを襲った暴漢は白人に変えられたし、KKKの名前は伏せられた。KKKが登場する映画として、『評決の時』(*A Time to Kill*)、『ミシシッピー・バーニング』(*Mississippi Burning*) などがある。

1868

スカーレット 23才

写真協力 (財)川喜多記念映画文化財団

Scene 24

DVD Side B Chapter 14-15 (54〜65分)
レットからの求婚　『3度目の結婚』

Say you're going to marry me.

俺と結婚すると言いなさい！

スカーレットは夫フランクの死に自責の念と恐怖を感じ酒に溺れる。そんな時、レットがやって来てスカーレットに求婚する。最初は拒むが、レットの熱いキスに降参したスカーレットは結婚を承諾する。

　メラニーを訪ねてベル・ワトリングがやってくる。ベルは、メラニーにとって夫アシュレーのアリバイに口裏を合わせてくれた恩人である。メラニーはそのことを恩義に感じ、お礼をするために、ベルのところを訪問したいとの手紙を出していた。しかしベルは、メラニーが彼女の売春宿にやってくるのはまずいと思い、自分から出かけてきている。ベルは以前メラニーに親切にされたことを感謝している。

　2人目の夫フランクが死に、再び未亡人となったスカーレットは、黒服に身を包み、酒を飲んでいる。嫌なことを忘れるために無理に酔っぱらおうとしている。フランクの写真を見ていたがそれを裏返す。馬車が近づく音を聞き、レットの訪問を知る。あわてたスカーレットは髪をとき、自分の息が酒臭いのに気づく。オーデコロンでうがいをしてから出迎える。

　スカーレットはレットの前で涙を見せ、死んで地獄へ行くのが怖いと言う。彼女は自分のしたことを悔いている。しかし、レットに言わせればそれはまるで、You're like the thief who isn't the least bit sorry he stole, but he's terribly, terribly sorry he's going to jail. (泥棒が盗んだことには罪の意識はまるでないが、監獄に入るのが嫌だと悔いているようなもの)。レットは彼女に訪問の理由を告げる。

場面 24-1 訪問の理由 01:01:05〜01:01:27

Rhett :You know, Scarlett, I think you're on the verge of a crying jag. So I'll change the subject and say what I came to say.

Scarlett :Say it, then, and get out! What is it?

Rhett :That I can't go on any longer without you.

レット :あのね、スカーレット、君は泣き上戸になる瀬戸際だと思う。だから、話題を変えて、俺が何を言いに来たかを言おう。

スカーレット :それじゃあ言ってちょうだい。そして出ていって！ それは何？

レット :もうこれ以上、君なしではやっていけないということだ。

WORDS **on the verge of:** 〜の瀬戸際、〜になる寸前の **crying jag:** 泣き上戸、泣き続けること **change the subject:** 話題を変える **go on:** うまくやっていく **any longer:** これ以上、もはや

レットはスカーレットに、彼女無しでは生きていけないと言う。またトゥエルブ・オークスで初めて彼女を見たときから、彼女との結婚を心に決めていた。冗談めかしてはいるが、その言葉には真実が込められている。反発するスカーレットを抱き寄せて、今までとっておいた、とびっきり熱いキスをする。スカーレットは気絶するような感覚に襲われる。

場面 24-2 熱い口づけ 01:03:13〜01:03:32

Scarlett :Rhett, don't, I shall faint.

Rhett :I want you to faint. This is what you were meant for. None of the fools you've ever known have kissed you like this, have they? Your Charles, or your Frank, or your stupid Ashley?

Scene 24

スカーレット　：レット、やめて、気が遠くなりそうだわ。

レット　：君を気絶させたいよ。これが君の望むものだ。今まで君の知っているばかな連中は、こんなキスをしたことがないだろう？　君のチャールズや、フランク、あるいは君のとんまなアシュレーは？

WORDS　faint: 気が遠くなる，気絶する　be meant for: 望んでいる，～するように生まれている　stupid: とんま，間抜けな，ばかな

シーンの解説：レットの求婚は巧みである。当初、スカーレットに対して恋心を抱きながらも、熱い思いを悟られないように嘲弄的な態度で隠し、彼女の気持ちが彼に向くのを気長に待ち続けた。しかし、商売に成功し経済的にも付け入る隙がなくなったスカーレットの気持ちを射止めるためには正攻法しかないと考え結婚を申し出た。いったん断られると、次は面白半分に結婚しないかと茶化し、最後は抱き寄せて実力行使に移っていく。今まで2人がキスするチャンスは何度かあったが、必ず一方が冷めていたために燃え上がらなかった。今回はレットの意気込みも違っていたし、スカーレットの気持ちもそれを望んでいた。2人の気持ちが初めて一緒になった瞬間である。

レットの熱いキスにスカーレットは完全に参ってしまう。レットがたたみかけて結婚を迫ると、彼女は簡単に承諾してしまう。再度意志の確認をするレットにスカーレットは「お金目当てもあるけど、あなたのことも好きよ」と答える。正直な言い草に感心するレット。似た者同士の婚約が成立した。

場面 24-3　婚約成立　01:03:32～01:04:09

Rhett　：Say you're going to marry me. Say "yes." Say "yes."

Scarlett　：Yes.

Rhett　：Are you sure you meant it? You don't wanna take it back?

Scarlett	:No.
Rhett	:Look at me and try to tell me the truth. Did you say "yes" because of my money?
Scarlett	:Uh, well… Yes partly.
Rhett	:Partly?
Scarlett	:Well, you know, Rhett, money does help, and, and of course, I am fond of you.
Rhett	:Fond of me.
Scarlett	:Well, if I said I was madly in love with you, you'd know I was lying… but you've always said we had a lot in common and…
Rhett	:Yes, you're right, my dear. I'm not in love with you any more than you are with me.

レット	:俺と結婚すると言いなさい！　「はい」と言いなさい。「はい」と言いなさい。
スカーレット	:はい。
レット	:本気に違いないね？　その言葉を撤回しないね？
スカーレット	:撤回しないわ。
レット	:俺を見て本当の事を言うんだ。君が承諾したのは俺の金が目当てか？
スカーレット	:ああ、ええっと…はい、少しはね。
レット	:少し？
スカーレット	:ええっと、分かるでしょ、レット、お金は役に立つし、それから、それから、もちろん、私はあなたが気に入っているし。
レット	:気に入っている、か。
スカーレット	:つまり、もし私があなたに首ったけなんて言ったら、嘘だってすぐ分かるでしょ…でもあなたはいつも言っていたじゃない、私たちはとても似たもの同士だって…それに…
レット	:うん、その通りだよ、君。君と同様に、君が俺を愛する以上に、俺も君を愛してはいないからね。

Scene 24

WORDS　**marry:** 結婚する　**take back:** 取り消す，撤回する　**partly:** 部分的に **help:** 手助けになる　**be fond of:** 〜が好きである（love と比較すると弱いが，相手の意向が分からないような場合に自分の意志を伝えるときに有効）　**be in love with:** 愛している，〜に恋して，心を奪われている　**have in common:** 共通点がある

シーンの解説： スカーレットがレットのことを「好き」というのに、love を使わずに fond of という言葉を選んで使っている。love に比べると、かなり軽いタッチである。すなわち、愛情というよりは、友情を表す言葉である。スカーレットは、彼に対して何らかの魅力を感じているのは間違いないが、アシュレーに対する気持ち、死んだ2人の夫に対する気持ちの狭間で、彼に対する気持ちはきちんと整理されていない。

レットは「アトランタで一番大きいダイヤの指輪を買って、ニューオリンズへ贅沢な新婚旅行に行こう」と言ってスカーレットを喜ばせる。彼女は有頂天になり、今までのブルーな思いは吹き飛んでしまう。スカーレットはレットが帰る際、さよならのキスを求めるが、今日のキスはもうおしまい。

1869

スカーレット *24* 才

写真協力　(財)川喜多記念映画文化財団

Scene 25

DVD Side B Chapter 16-17 (65〜72分)
レットとの生活（１）
　　　　『女の子（ボニー）誕生』

She's the first person who's ever completely belonged to me.

彼女は完全に俺のものである最初の人間だ

２人はニューオリンズへ豪華な新婚旅行に出かける。その後アトランタに豪邸を建てて優雅な生活を始める。やがて２人の間に女の子が生まれる。ボニー・ブルー・フラッグと呼ばれる旗のように青い目をしたその子はボニー・ブルー・バトラーと名付けられ、レットはボニーをたいへん可愛がる。

　ニューオリンズへ新婚旅行に出かけた２人は、優雅な船の旅を楽しみ、贅沢な食事をし、豪華なホテルのスイートルームで過ごす。スカーレットはホテルの部屋で、買った帽子や日傘を眺めて楽しんでいる。スカーレットは反対するが、レットはマミーにも赤いペティコートをお土産に買う。しかし夜、悪夢にうなされるスカーレット。彼女は故郷のタラを訪ねたいと言う。
　タラに戻ってくるとスカーレットは再び元気を取り戻す。タラの赤い土は彼女に力を与えてくれるようだ。スカーレットの為にレットは新しい家をアトランタに建て、そして２人の間に女の子が生まれる。マミーは男の子ではなかったので、レットがさぞがっかりしていると思って謝るが、彼はとても喜び、彼女にシェリー酒を勧める。

場面 25-1 女の子誕生　01:09:08〜01:09:25

Mammy　　:I... I'd like to apologize, Mr. Rhett, about it's not being a boy.

Rhett	:Oh, hush your mouth, Mammy. Who wants a boy? Boys aren't any use to anybody. Don't you think I'm proof of that?
	:Have a drink of sherry, Mammy. Mammy, she is beautiful, isn't she?
Mammy	:She sure is.
マミー	:あの、お詫びします、レット様、男の子じゃなかったこと。
レット	:おお、黙りなさい、マミー。誰が男の子なんか欲しいものか。男の子は誰にとっても何の役にもたたない。俺がその証拠だと思わないか？
	:シェリー酒を飲んでくれ、マミー。マミー、彼女は美しいだろ？
マミー	:確かに、美しいです。

WORDS apologize: 詫びる，謝罪する   hush: 黙らせる   proof: 証拠

シーンの解説：当時、跡継ぎという意味で、男の子が望まれたのは洋の東西を問わず同じであった。レットにとっても、本当は男の子が欲しかったのかもしれないが、そんなこととはおくびにも出さない。

　レットは、赤ちゃんの顔を見るのを待ちきれず、部屋の中をうろうろし、マミーに話しかける。ふと、マミーが動くたびに聞こえるサラサラという音に気づく。彼女はレットのプレゼントした赤いシルクのペティコートをはいている。当初、レットを嫌っていたマミーだが、彼の子煩悩ぶりをみるにつけ、彼に対する気持ちが、良い方向に変わってきたようだ。マミーにとっても、レットからの贈り物ということで、長い間身につける気にならなかったペティコートを、今では喜んではいている。

　ずけずけとものを言い、金儲けの為には平気でヤンキーとも付き合う無頼漢のレットが、これほど自分の子供を溺愛すると誰が思っただろう。しかし、子供を産むこと自体、あまり気乗りしなかったスカーレットは冷たい目で彼を見ている。

Scene 25

場面 25-2 私が産んだのよ　01:11:24〜01:11:36

Scarlett　：You certainly are making a fool of yourself.

Rhett　：Well, why shouldn't I? She's the first person who's ever completely belonged to me.

Scarlett　：Great balls of fire! I had the baby, didn't I?

スカーレット　：あなたは本当に自分自身を物笑いものにしているわ。

レット　：おや、どうしてだめなんだ？　彼女は完全に俺のものである最初の人間だ。

スカーレット　：ばかばかしい！　私が赤ちゃんを産んだんでしょ？

WORDS　make a fool of: 物笑いにする，ばかにする　　completely: 完全に　　belong to: 属する

シーンの解説：映画ではスカーレットの産んだ子供は、ひとりだけになっている。しかし原作では、最初の夫チャールズとの間に、ウェード・ハンプトン・ハミルトンという男の子と、2人目の夫フランクとの間に、エラ・ロリーナという女の子をもうけている。スカーレットにとってみれば、3人目の子供でも、レットにとっては、初めて自分のものと言える子供である。

　レットは赤ん坊の目の色がいたく気に入っている。当初、スカーレットは赤ちゃんの名前をユージェニー・ヴィクトリア（Eugenia Victoria）と名付けるつもりでいた。しかしメラニーが赤ん坊の目がボニー・ブルー・フラッグのように青いと言ったとき、レットは赤ん坊の名前をボニー・ブルー・バトラーと呼ぶことに決める。

場面 25-3　ボニー・ブルー・フラッグ　01:11:39〜01:12:10

Rhett　　　:Yes, come in and look at my daughter's beautiful blue eyes.

Melanie　 :But, Captain Butler, most babies have blue eyes when they're born.

Scarlett　:Don't try and tell him anything, Melly. He knows everything about babies.

Rhett　　　:Nevertheless, her eyes are blue and they're going to stay blue.

Melanie　 :As blue as the Bonnie Blue Flag.

Rhett　　　:Yeah... That's it. That's what we'll call her. Bonnie Blue Butler.

レット　　　　：どうぞ、中に入って、娘の美しい青い目をみてください。
メラニー　　　：でもバトラー船長、たいていの赤ちゃんは、生まれたときは青い目をしていますよ。
スカーレット　：何を言っても無駄よ、メラニー。彼は赤ちゃんのことは何でも知っているんだから。
レット　　　　：それでも、彼女の目は青く、ずっと青いままだよ。
メラニー　　　：ボニー・ブルーフラッグのような青ですね。
レット　　　　：おお…それだ。彼女をそう呼ぼう。ボニー・ブルー・バトラー。

WORDS　nevertheless: それでも、そうは言うものの

シーンの解説：ボニー・ブルー・フラッグは青地に星の白抜きあしらった南部人が愛する旗であり、その題名の歌は戦争中によく歌われ、南部人の心の故郷である。

Scene 25

NO. 14

日本とグラント将軍

　北軍の総司令官であったユリシーズ・S・グラント将軍は、南北戦争の後、アメリカ合衆国の第18代大統領になった。北部を勝利に導いた英雄も、大統領になってからは、相次ぐ汚職事件にまみれ、政治家としての評判は芳しくない。しかし、日本との関わりは深く、日本のよき理解者として知られている。大統領退任後の1879年（明治12年）に世界視察旅行の最後の訪問地として日本に立ち寄り、明治天皇にも拝謁した。日本が国際社会の一員として独り立ちするにあたり、多大なる助言を与えたと言われている。グラントは日本滞在中、各地で熱烈な歓迎を受けた。東京の増上寺にはグラントの植樹した松「グラント松」が今も残っている。

　グラントは利権に血まなこになるヨーロッパ列強が融資を通じて支配をもくろんでいることを警告すると共に、米国を含む諸外国との間で結んだ不平等条約の改正について天皇に進言した。更に自らも、下関事件*で日本が支払った賠償金が実費を大きく上回った強奪であったと認め、それを日本に返還する運動を熱心に推し進めた。そして、グラントの努力で返還された賠償金は横浜港の築港費用に充てられた。当時、半農半漁の小村であった横浜が大桟橋を持つ立派な港を築くという巨大事業を行い、近代都市の仲間入りができたのは彼のおかげであると言える。日本政府はこれに感謝し、赤坂の土地を米国に貸与した。現米国大使館の誕生である。

　グラントが日本に興味をもったのは、大統領時代に横浜港から旅立った岩倉使節団と会見したのがきっかけと思われる。使節団には岩倉具視（47歳）をリーダーに、木戸孝允（39歳）、大久保利通（42歳）、伊藤博文（31歳）など新政権の中枢をになう明治維新の豪傑たちがいた。更に、留学生として、後に民権思想のリーダーとなる中江兆民や、後に津田塾大学を創設する津田梅子がいた。彼らの堂々とした態度や礼儀正しさ、新生日本の国造りへの強い思いが米国民の胸を打ち、日米関係の礎になったのであろう。

参考資料：「横浜港の父グラント将軍」田中祥夫、日本経済新聞文化欄（2002.05.30）

＊下関事件：長州藩が関門海峡を通過する外国艦船を砲撃したことに対する報復から、英・仏・米・オランダの4国連合艦隊が長州藩の下関砲台を砲撃・占領した事件（江戸幕府末期 1864年）。4国への賠償金（約300万ドル）は江戸幕府が肩代わりしたが、払いきれずに明治政府に引き継がれ1874年に完済した。そしてその9年後、米国だけが返還した（約78万ドル）。

1870

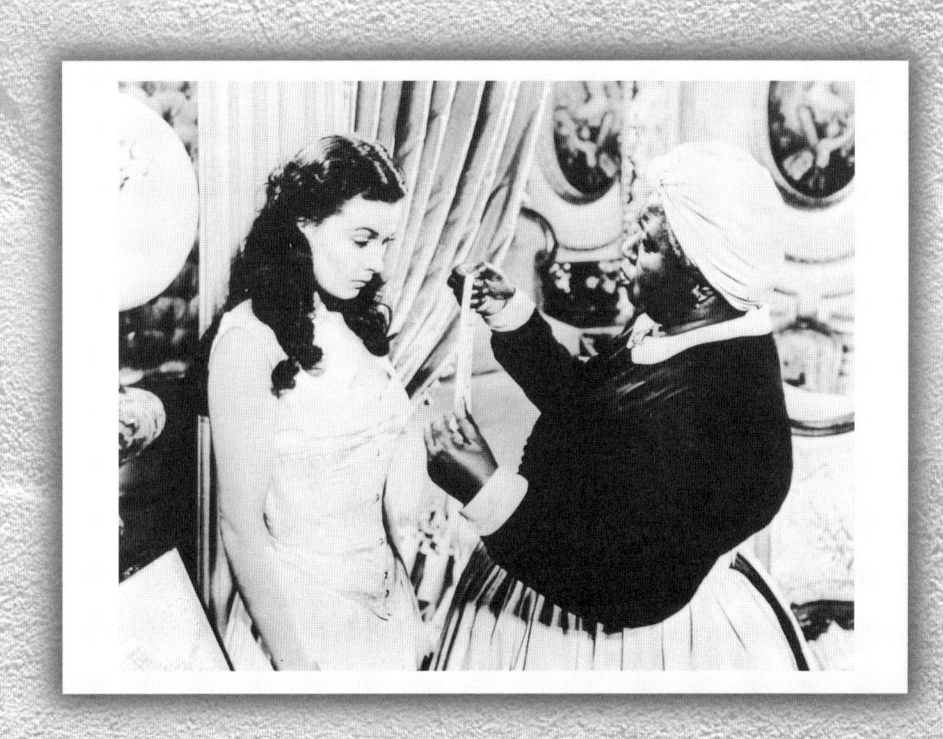

スカーレット 25才

写真協力 (財)川喜多記念映画文化財団

Scene 26

DVD Side B Chapter 17 (72～80分)
レットとの生活（２）『レットの悲しみ』

I'm sorry for you, Scarlett.

君が哀れだよ、スカーレット

レットと結婚しボニーが生まれたにも関わらずスカーレットの気持ちはアシュレーから離れない。レットはそんな彼女に苛立ちを覚える。２人の気持ちが微妙にすれ違っていく。一度は、離婚を考えたレットだが、ベルの所へ行き慰められる。そしてボニーの将来の為にアトランタの社交界に溶け込もうとする。

子供を産んで崩れたスタイルを嘆くスカーレット。マミーがコルセットを締めるが、かつては17インチ（約43センチ）だったウエストは、どうやっても20インチ（約51センチ）にしかならない。目標は18.5インチ（約47センチ）。彼女は自分の容姿を気にするあまり、もう二度と子供は産まないと言う。

場面 26-1 目標は18.5インチ　01:12:10～01:12:27

Scarlett ：Mmm! Uh, try again, Mammy.

Mammy ：Twenty inches.

Scarlett ：Twenty inches! I've grown as big as Aunt Pitty. You've simply got to make it eighteen and a half again, Mammy.

スカーレット	：うーん！　ああ、もう一度測って、マミー
マミー	：20インチ（約51センチ）です。
スカーレット	：20インチですって！ピティ叔母さんみたいに太くなっちゃったわ。とにかく18.5インチになるまでもう一度（締め付けて）よ、マミー。

WORDS

as big as: 〜ぐらい大きく

シーンの解説： 当時の女性の美しさは、ウエストが細いというのが基本だった。ただし、やせた女性はダメで、胸とヒップは豊かでないといけない。いわば、少し太り気味の女性をコルセットで締め上げたのが理想である。

　幸せな生活も長続きしない。ボニーが生まれてからはスカーレットの気持ちが少しずつレットから離れて行く。彼女はアシュレーのことを忘れられず、彼の写真をながめる。

　スカーレットのわがままから、レットとの外食をキャンセルしても、レットは優しく彼女に接する。彼女がもう子供は産まないと言うと、一瞬悲しそうな表情を見せるが、それでも彼女を慰める。しかし彼女がアシュレーの写真を見ていたことを知り、アシュレーの話を持ち出すと彼女のことを哀れだと言う。なに不自由なく暮らしているのにそれに満足できないのは悲しい性である。

場面 26-2　君が哀れだ　01:14:38〜01:15:03

Rhett	:You know, I'm sorry for you, Scarlett.
Scarlett	:Sorry for me?
Rhett	:Yes, sorry for you because you're throwing away happiness with both hands... and reaching out for something that'll never make you happy.
Scarlett	:I don't know what you're talking about.

Scene 26

Rhett ：If you were free and Miss Melly were dead and you had your precious... honorable Ashley, do you think you'd be happy with him? You'd never know him, never even understand his mind... any more than you understand anything except money.

レット ：ねえ、君が哀れだよ、スカーレット

スカーレット ：私が哀れですって？

レット ：そうだ、君は哀れだ。なぜなら、君は両手につかんでいる幸せをなげうって…そして、君を決して幸せにしないものを取ろうとして手を伸ばしている。

スカーレット ：あなたが何を言いたいのか分からないわ。

レット ：もし君が独身で、メラニーさんが死んで、君の大事な…尊敬すべきアシュレーを手に入れたとして、君は彼と幸せになれると思うのか？ 君は彼のことを全然知らないし、決して彼の気持ちを理解しない…お金以外のことは何も理解できないのと同様にね。

WORDS be sorry for: 哀れに思う、申し訳なく思う throw away: 投げ捨てる、棒に振る reach out for: ～を取ろうとして手を伸ばす、～を得ようとする free: 独身の、自由な except: ～意外は、～を除いて

シーンの解説：レットの考えは核心をついている。原作ではスカーレットのアシュレーに対する身勝手な思いを、She loved him and she wanted him and she did not understand him.（彼女は彼を愛し、彼を求め、そして彼を理解しなかった）と表現している。

　レットは怒って部屋を出ていく。寝室を別にするという夫に、ドアに鍵をかけると言うスカーレット。レットは怒ってドアを蹴破る。酒を荒々しくグラスについで、一口飲んでから、壁に掛かっているスカーレットの肖像画に向かってグラスを投げつける。

　レットはベル・ワトリングの家に現れ、スカーレットの悪口を言う。しかしベルは、レットがスカーレットを愛していることを知っている。ベルは子供のことを考えなければならないとレットを諭す。ベルの「子供は母親の10倍の価値がある」という言葉に吹っ切れたレットは、ボニーの為にもう一度やり直そうと決意する。レットはベルとの仲を友情としか見ていないが

ベルはレットのことを心底愛しているに違いない。ベルの悲しそうな目はそのことを物語っている。彼にさようならと言ったベルの目には涙が浮かんでいる。

場面26-3 ベルからのさようなら 01:16:18〜01:16:52

Rhett :I was just thinking of the difference between you, and... You're both hard-headed business women and you're both successful. But you've got a heart, Belle... and you're honest.

Belle :Goodbye, Rhett.

Rhett :Goodbye, Belle.

レット :俺はちょうど君らの違いを考えていた…そして…君らはどちらも、やり手の実業家で、どちらも成功している。しかし、君には思いやりがあるよ、ベル…それに正直だし。

ベル :さようなら、レット。

レット :じゃあな、ベル。

WORDS hard-headed: やり手の，頑固な，抜け目ない　heart: 思いやり，ハート
honest: 正直な

シーンの解説：ベルに諭されたレットは、娘のために品行方正に生きようと決心した。それは愛人であるベルとの別れを意味する。ベルの涙は、全てを理解し、自ら身を引く決意の現れである。南部社会になじむために、原作の記述では、酒を慎み、民主党の会合にも出席し、戦争の手柄を表彰されたり、戦没者基地の美化協会にも大口の寄付をしている。

レットはボニーを溺愛する。今までは金儲けの為に北軍の将校と親交を深め、南部貴族たちとの付き合いを軽んじていたが、ボニーの将来を思うと態度を改めるべきだと思う。ボニー

Scene 26

には上流社会にいさせてやりたい。毒舌を慎み、婦人連中に話しかけ、積極的に南部社会にとけ込もうとする。特に子供を大切に可愛がる姿は、婦人たちの印象を良くし、彼の評判は良くなっていく。そのおかげで、婦人たちは、ボニーの為にパーティーを開いてくれるようになる。レットはボニーに乗馬を教え彼女の将来を楽しみにしている。

NO. 15

映画関連ミニ情報

売春宿

　売春の歴史は古く、その時代によって受けとめられ方も異なっていた。数千年前の古代では、娼婦は女神の象徴で、巫女たちは神と庶民をつなぐために男たちと交わったと言われている。アメリカの売春は19世紀の中頃、即ち南北戦争の頃から特に盛んになった。急速にアメリカが都市化していく中で売春婦の数が急激に増えていった。当時、売春は道徳的な問題、効果的な治療方法がなかった性病の問題、避妊中絶の問題などがあったが、社会にとって不可欠の制度であると考えられた。すなわち、男性にとってセックスは精神的及び肉体的健康を保つために必要であるという考えから、売春宿の存在は否定されなかった。売春宿では、黒人やプアーホワイトと呼ばれる土地を持たない貧乏白人が娼婦として働いていた。庶民の間ではオープンで身近な存在であったと思われる。このあたりは、日本における江戸時代の遊郭や大正・昭和時代の赤線・青線の事情と同じであろう。その後、売春を許可制にしたり、売春宿を政府直轄にして隔離するという政策がとられた。更に女性解放運動を経て、今日では法律によって禁止されている。

　また、南部のルイジアナ州ニューオリンズは、南北戦争後、一大歓楽街として発展し、到るところに酒場や売春宿がひしめき合っていた。貧しい黒人たちが、売春宿の前で客寄せの為に、歌ったり演奏したのがジャズの始まりと言われている。ジャズは、まさに風俗が生んだ文化である。

1871-72

スカーレット *26-27*才

写真協力 (財)川喜多記念映画文化財団

Scene 27

DVD Side B Chapter 18-21 (80〜94分)
レットの怒り 『ボニーとロンドンへ』

I'm going on a very extended trip to London.
俺はロンドンへとても長い旅に出る

アシュレーは製材所を任されるが、育ちの良い彼には商売の才能が無い。赤字の帳簿を見ながら落ち込むアシュレーをスカーレットが慰める。感極まって思わず抱き合ったところをインディアに見られる。昔チャールズを奪われたことを恨みに思うインディアは2人の噂を町中に言いふらす。メラニーはスカーレットを擁護するが、レットはボニーを連れてロンドンに向かう。

アシュレーの誕生日に製材所を訪れるスカーレット。アシュレーは帳簿を調べているが、商売はあまり上手くいっていない。アシュレーを見るスカーレットの目は輝き、その美しさは彼の気を引くには十分である。

場面 27-1　君は美しい　01:21:09〜01:22:32

Ashley　:Scarlett, you know, you... you get prettier all the time. You haven't change a bit since the day of our last barbecue at Twelve Oaks... where you sat under a tree surrounded by dozens of beaux.

Gone with the Wind

Scarlett :That girl doesn't exist anymore. Nothing's turned out as I expected, Ashley. Nothing.

Ashley :Yes, we've travelled a long road since the old days, haven't we, Scarlett? Oh, the lazy days... the warm, still, country twilights... the high, soft, Negro laughter from the quarters... the golden warmth and security of those days.

Scarlett :Don't look back, Ashley. Don't look back. It drags at your heart till you can't do anything but look back.

Ashley :I didn't mean to make you sad, my dear. I'd never want you to be anything but completely happy.

アシュレー :スカーレット、ええっと、君は…君は、いつも(会うたびに)美しくなる。君は、トウェルブ・オークスでの最後のバーベキューの日からちっとも変わっていない…そこで君はたくさんの男たちに囲まれて木の下で座っていたね。

スカーレット :あのころの少女はもういないわ。何もかも私の思い通りにはならなかった、アシュレー。何もかも。

アシュレー :そうだね、僕たちは、あの懐かしい日から長い旅をしてきたね、スカーレット。ああ、あのけだるい日々…暖かくて静かな田舎の黄昏…家から聞こえてくる黒人たちの高く、柔らかい笑い声…。当時の、すばらしいぬくもりと、安心感。

スカーレット :昔を振り返らないで、アシュレー。振り返らないで。振り返ることしかできなくなるまで、あなたの心を憂うつにさせるわ。

アシュレー :君を悲しませるつもりじゃなかった。僕は、君が十分に幸福になること以外、望んではいないよ。

WORDS **all the time:** いつも **dozens of:** 多くの, 数ダースの **beau:** 色男, しゃれ男, (婦人に付き添う)男(フランス語からきており, 複数形は beaux) **turn out:** ～になる, ～と判明する **old days:** 懐かしい日, 昔, 過ぎ去った日 **lazy:** けだるい, 怠惰な **twilights:** 黄昏, 夕暮れ **Negro:** 黒人(現在では侮蔑的に聞こえるので注意) **from the quarters:** 家(街角, 居住区)から **golden:** すばらしい, 金色の **warmth:** ぬくもり, 思いやり **security:** 安心感, 安全 **look back:** 振り返る, 尻込みする **drag:** 引き出す, 憂うつにする **completely:** 全面的に, 完全に

Scene 27

> **シーンの解説**：今のアシュレーは、昔のことを振り返ること以外できなくなっている。この頃からスカーレットの彼に対する気持ちが冷めてきたと思われる。

　昔を懐かしむ2人は近づき、アシュレーはスカーレットを思わず抱きしめる。その瞬間、彼は急に狼狽する。それに気づいたスカーレットが振り向くと、そこにはインディアが立っている。2人の抱き合う場面を見られてしまう。

　2人の噂はたちまち広がり、アシュレーの誕生会への出席を嫌がるスカーレット。しかしレットは無理やり、彼女を出席させる。今の彼にとっては、スカーレットが恥をかくより、彼女が原因でボニーが後ろ指を指されることの方が重大な問題である。スカーレットがパーティーに出席しなければ、噂を認めたことになる。こんな時は、逃げずに毅然とした態度でいた方が良い。

　レットはスカーレットをひとりパーティーに出席させて、自分は帰ってしまう。重苦しい空気の中、メラニーだけは彼女を喜んで迎える。アシュレーの妻であるメラニーが積極的にスカーレットと仲良くしてくれたことで、何とかスカーレットは気品を保つことができる。

　帰宅後、スカーレットはベッドに入るがなかなか寝付かれない。酒の助けを借りようと階段を下りていく。食堂には二本のロウソクが燃えており、そこから彼女を呼ぶレットの声が聞こえる。彼は酔っぱらっており、彼女の気持ちが思い通りにならないことに対して怒りをあらわにしている。レットの心は傷ついている。彼は嫌がる彼女を抱き上げ寝室へと向かう。

　次の朝目覚めたスカーレットはすこぶる機嫌が良い。久しぶりに愛を確かめ合ったことで、気分は軽くなり、鼻歌まで歌い出す。この時彼女は、レットと今度こそうまくやっていけると思ったに違いない。昨晩のことを思い出しはにかむ表情を見せる。

　レットが現れ、喜ぶスカーレット。しかし、彼女の期待とは裏腹に、レットは、いんぎん無礼な言葉でスカーレットの心を暗くする。更に彼は離婚すると言い出す。

場面 27-2　離婚しよう　01:31:42～01:32:02

Rhett ：I was very drunk... and, uh, quite swept off my feet by your charms.

Scarlett	:Well, you needn't bother to apologize. Nothing you ever do surprises me!
Rhett	:Scarlett, I've been thinking things over, and I really believe that... it would be better for both of us... if we admitted we'd made a mistake and got a divorce.
レット	:俺はとても酔っぱらっていた…そして、ええっと、君の魅力に夢中になっていた。
スカーレット	:まあ、わざわざ、謝る必要ないわ。あなたが何をしても驚かないわ！
レット	:スカーレット、俺は真剣に考えた…そして俺は本当に思う…結婚は間違いだったと認めて離婚をした方が、2人のために良いと思う。

WORDS sweep somebody off his feet: 夢中にさせる，人をなぎ倒す，人をあっさり説き伏せる　charm: 魅力　bother to: わざわざ〜する　surprise: 驚かせる　think over: よく考える　mistake: 間違い　get a divorce: 離婚する　extended: 延ばされた，延長された

シーンの解説：このときスカーレットは、レットから離婚の話が出るとは夢にも思っていなかった。レットがやってくる前のスカーレットの頭の中を原作から紹介すると、A lady, a real lady, could never hold up her head after such a night. But, stronger than shame, was the memory of rapture, of the ecstasy of surrender. (淑女、本当の淑女なら、あのような一夜をすごした後は、(恥ずかしさで)頭を上げることはできないだろう。しかし恥よりも強烈なものは、快感の思い出であり、征服されることの恍惚であった)とある。昨晩はレットに犯されながらも女の喜びを知り、レットの燃えるような情熱に彼女への激しい愛を感じ取った。彼の愛の弱みにつけ込んで、今後はレットを自分の思い通りに動かせるだろうという満足感に浸っていたのだ。

驚いたスカーレットは何とか、彼を思いとどまらせようとするが、レットの決心は固い。彼はボニーを連れて出て行くという。

Scene 27

場面 27-3 ロンドンへ 01:32:28〜01:32:44

Scarlett : Will you please go now, and leave me alone?

Rhett : Yes, I'm going. That's what I came to tell you. I'm going on a very extended trip to London, and I'm leaving today.

Scarlett : Oh.

Rhett : And I'm taking Bonnie with me. So you'll please get her little duds packed right away.

スカーレット : もう行ってくれない？ そしてひとりにしてくれない？

レット : ああ、俺は行くよ。ここに来たのはそれを言うためさ。俺はロンドンへとても長い旅に出る。そして今日出発する。

スカーレット : そんな。

レット : そして俺はボニーを一緒に連れて行く。だから、すぐに彼女のかわいい服を荷造りしてくれないか。

WORDS　**extended:** 長期の，延長した　**duds:** 衣服　**pack:** 荷造りする　**right away:** 今すぐに，ただちに

シーンの解説：ボニーは暗闇を怖がり、夜寝るときに灯りがついていないと脅えて泣き叫ぶ。原作では、スカーレットが癇癪を起こして、ボニーにせっかんを加え始めた。子供のしつけに関しても２人の気持ちはすれ違っていた。

映画関連ミニ情報 NO. 16

乳母制度

　上流社会では、育児は、母親ではなく、乳母にまかせられる。当時、アメリカ南部の乳母制度の特徴は、奴隷である黒人女性が乳母の役割を担っていたことである。奴隷には、外働きと内働きの2種類があり、役割分担が明確であった。すなわち、前者が、綿花の栽培や家畜の世話といった重労働をするのに対し、後者は雇い主である白人の身の回りを世話していた。一般的に内働きの奴隷は、外働きの奴隷よりも地位が上であり、また、有力な大農場で働く奴隷は、土地を持たない貧乏白人に対しても優越感を持っていた。奴隷制度と言えば、人身売買や虐待といった、非人間的な扱いが取りざたされるが、白人は黒人を保護し、黒人は白人に奉仕するというお互いの固いつながりがあったのも事実であろう。乳母を務める黒人奴隷は、映画の中でのマミーがそうであったように、主人から最も信頼される存在であり、子供たちの誕生、教育、成長といった生活全般に対して重要な役割を担っていた。生涯を通じて主人の世話をし、時には主人に意見したり諭したりすることもあった。

Scene 28

DVD Side B Chapter 22-23 (94~98分)
レット帰宅　『妊娠と破局』

Maybe you'll have an accident.

ひょっとしたら事故で子供が生まれないってこともあるよ

ロンドンでボニーは母スカーレットとアトランタの家を恋しがる。3ヶ月ぶりにレットが帰宅する。スカーレットにはレットを慕う感情が生まれている。ボニーを置いて再び出ていこうとするレットに妊娠していることを告げる。素直に喜べないレットは悪態をつき、それに怒ったスカーレットは彼に殴りかかるが、勢い余って階段を転げ落ちる。

レットはロンドンでボニーと生活をする。レットが夜中ホテルの部屋に戻ってくると、目を覚ましたボニーが泣き叫んでいる。驚いたレットはボニーを抱き上げてあやす。ボニーは暗闇を怖がる。子守には、灯りを消すなと言いつけておいたのだが、それを守らなかった。子守は臆病な子供に育たないためにわざとやっていると言うが、レットはそれを理解せず子守を解雇する。ボニーはレットがそばに来たので落ち着いたが、今度は母とアトランタの家を恋しがる。

場面 28-1　家に帰りたい　01:35:34~01:35:58

Bonnie　：Where is mother?

Rhett　：Bonnie, aren't you happy here in London with me?

Bonnie　：I wanna go home.

ボニー	：お母さんはどこ？
レット	：ボニー、パパと一緒のロンドンは楽しくないかい？
ボニー	：家に帰りたい。

　レットが家を空けた3ヶ月間、彼から何の音沙汰もなかったが、突然アトランタに帰ってくる。スカーレットを見つけたボニーは階段を駆け上っていく。スカーレットはボニーを抱き上げて再会を喜ぶ。その後からレットが現れる。スカーレットはレットが帰ってくるのを心待ちにしていた。嬉しくて微笑みかけるが、相変わらずレットは憎まれ口をたたく。ボニーにはやはり母親が必要である。ボニーをスカーレットに預けたらまたすぐに出かけるつもりである。スカーレットの顔色の悪さは妊娠のせいであり、レットの態度に怒ったスカーレットは、心ならずも、「あんたの子供なんか欲しくない」と叫ぶ。売り言葉に買い言葉で、レットが悪態をつき、スカーレットは拳を握りしめて彼に飛びかかろうとしたが、彼が身を引いたために階段を転げ落ちてしまう。レットは驚いて階段を駆け下りたが、彼女は気を失っている。

場面 28-2　妊娠を告げるが　01:36:51〜01:38:09

Rhett	:Mrs. Butler, I believe.
Scarlett	:Mammy said you'd come back.
Rhett	:But only to bring Bonnie. Apparently any mother, even a bad one, is better for a child than none.
Scarlett	:You mean you're going away again?
Rhett	:What perception, Mrs. Butler. Right away. In fact, I left my bags at the station.
Scarlett	:Oh.
Rhett	:You're looking pale. Is there a shortage of rouge? Or can this wanness mean you've been missing me?

Scene 28

Scarlett : If I'm pale it's your fault. Not because I've been missing you, but because...

Rhett : Pray continue, Mrs. Butler.

Scarlett : It's because I'm going to have a baby.

Rhett : Indeed? And who's the happy father?

Scarlett : You know it's yours. I don't want it any more than you do. No woman would want the child of a cad like you. I wish it were... I wish it were anybody's child but yours.

Rhett : Well, cheer up. Maybe you'll have an accident.

レット : バトラー夫人、でしたよね。

スカーレット : マミーがあなたは帰って来ると言ってたわ。

レット : しかし、ボニーを連れてきただけだよ。どうやら、子供にはどんなに悪い母親でも、いないよりはいた方が良いようだ。

スカーレット : つまり、また出ていくの？

レット : よく分かっているね、バトラー夫人。すぐに出ていくよ。実際、駅に俺の荷物は置いてきた。

スカーレット : まあ…

レット : 君は顔色がさえないね。ほお紅が不足しているのか？あるいは、その青白さは、俺がいなくて寂しかったということかい？

スカーレット : 私の顔色が悪いとすれば、あなたのせいよ。あなたがいなくて寂しいんじゃなくて…

レット : どうぞ、続けて、バトラー夫人。

スカーレット : なぜなら私が妊娠したからよ

レット : 本当かい？じゃあ幸せな父親は誰だい？

スカーレット : あなたが父親だってことは分かるでしょ。あなたと同様に私も赤ちゃんは欲しくない。どんな女性だってあなたのようなごろつきの子供は欲しくないわ。あなた以外なら誰の子供でもよかったわ。

レット : まあ元気を出せよ。ひょっとしたら事故ってこともあるよ。

WORDS perception: 理解力，認知，知力　in fact: 実際に　look pale: 顔色がさえない，青白い顔をしている　rouge: ほお紅，口紅，ルージュ　wanness: 青白さ　miss: 〜がいないのを寂しく思う　fault: 責任，過ち　pray:（文頭にきて）どうぞ，願わくば（古い言い回し）　cad: ごろつき，育ちの悪い男，手伝いの人，地元の人，町の少年，不良　cheer up: 元気づける，励ます　accident: 事故，偶然

シーンの解説：スカーレットがアシュレーを愛しているという思い込みがレットを支配している。彼女に対して，どうしても素直になりきれないのは，アシュレーへの嫉妬である。

Scene 29

DVD Side B Chapter 23 (98～103分)
階段から落ちて　『スカーレット危篤』

I want Rhett.

私にはレットが必要よ！

階段から落ちたスカーレットが流産する。スカーレットはベッドの上でレットの名を呼ぶが、その声は届かない。レットは自責の念にさいなまれる。メラニーから励まされ、レットはボニーを心の支えにスカーレットとやり直すことを決意する。レットはスカーレットに対して優しく接し、スカーレットに製材所から手を引くよう勧める。

　ミード医師がスカーレットを診察している間、レットは部屋の外で、自分のしたことを後悔している。部屋から出てきたピティパット叔母に、レットは、スカーレットが自分を必要としているかどうかを尋ねる。しかし彼女は、スカーレットは錯乱していると答える。
　スカーレットはうわごとでレットを呼んでいるが、近くにいるマミーにも聞こえず、その声はレットには伝わらない。

場面 29-1　伝わらない思い　01:38:20～01:38:40

Scarlett : Rhett! I want Rhett.

Mammy : What's the matter, honey? Did you call somebody, child?

Scarlett : It's no use. It's no use.

スカーレット	:レット！　私にはレットが必要よ！
マミー	:どうしました、お嬢さま？　誰かを呼びましたか、お嬢さま？
スカーレット	:もう無理だわ！　もう無理だわ！

WORDS　matter: 事態，重要　no use: 役に立たない，用をなさない

シーンの解説：スカーレットは無意識にレットを求めていた。そして彼は部屋の外で彼女が呼んでくれるのを一心に待っていたにもかかわらず、スカーレットの心の叫びはレットには伝わらなかった。数ある2人のすれ違いの中で、病気の妻から必要とされなかったというこの時の失望感が大きなトラウマとしてレットの心に傷跡を残した。

ミード医師の診察が終わると、メラニーがレットの所にやってくる。スカーレットは良くなっていると彼に告げる。しかし彼は涙を流し自分を責める。彼はスカーレットが妊娠していると知っていたら、まっすぐ家に帰っていただろう。スカーレットも、自分では知らないうちに、レットを愛し始めている。しかし、お互いに意地を張り合っているために、いつもすれ違ってしまう。メラニーに励まされて、レットはスカーレットともう一度やり直す決心をする。

場面 29-2　メラニーの慰め　01:39:44〜01:40:18

Rhett	:I didn't know about this baby until the other day when she fell. If I'd only known, I'd have come straight home whether she wanted me home or not!
Melanie	:Well, of course you would.
Rhett	:And then when she told me, there on the steps, what did I do? What did I say? I laughed and I said...
Melanie	:But you didn't mean it. I know you didn't mean it.

161

Scene 29

Rhett :Oh, but I did mean it. I was crazy with jealousy. She's never cared for me. I thought I could make her care, but I couldn't.

Melanie :You're so wrong. Scarlett loves you a great deal, much more than she knows.

レット :この赤ん坊のことは、彼女が倒れたあの日まで知らなかったんです。もし知ってさえいたら、彼女が望もうと望むまいと直ちに家に帰っていた！

メラニー :ええ、もちろんそうでしょうとも。

レット :そして、彼女がそれを告げた時、あの階段で、私はなんてことをしたんだろう。何を言ったと思う？ 私は笑って、そして言った…

メラニー :でも本気じゃなかったんでしょ。あなたが本気じゃなかったことは分かっています。

レット :おお、しかし私は本気だった。嫉妬で狂っていたんです。彼女は私のことを好きになったことなどないんだ。彼女を私のことを好きにさせることができると思っていた。しかしできなかった。

メラニー :あなたはとても間違っているわ。スカーレットはあなたをとても愛しています。彼女が考えている以上に。

WORDS

come straight home: まっすぐ (寄り道せずに) 家に帰る　**on the steps:** 階段の上で　**mean it:** 本気である　**crazy:** 気の狂った　**jealousy:** 嫉妬, ねたみ　**a great deal:** とても, 非常に, 多量に

シーンの解説：戦時中は、スカーレットとレットの2人がメラニーの命を救ったが、戦後は逆に、メラニーが2人を精神的に支えている。映画では簡単にしか触れられていないが、原作では、メラニーはスカーレットの看病に献身すると共に、罪悪感にさいなまれるレットを励まし続ける様子が詳細に記載されている。レットは彼女のひざに顔を埋めて泣き、彼女の顔が赤くなるような秘密までうちあけた。

レットは回復したスカーレットに、もう一度2人でやり直そうと提案する。スカーレットが素直になった時はレットが皮肉を言ったように、レットが真摯な気持ちで接した時にはスカーレットが冷たく突き放す。

場面 29-3 もう一度やり直そう　01:41:48〜01:42:20

Rhett :I've come to ask your forgiveness... in the hope that we can give our life together another chance.

Scarlett :Our life together? When did we ever have a life together?

Rhett :Yes, you're right. But I'm sure if we could only try again, we could be happy.

Scarlett :Well, what is there to make us happy now?

Rhett :Well, there's... there's Bonnie... and... and... I love you, Scarlett.

Scarlett :When did you discover that?

Rhett :I've always loved you, but you've never given me a chance to show it.

レット :君の許しを請いにきた…もう一度人生を一緒に歩めること願って。

スカーレット :人生を一緒にですって？いつ私たちが人生を一緒に歩んだっていうの？

レット :そうだ、君の言うとおりだ。でも、もし俺たちがもう一度やり直そうと努力しさえすれば、きっと俺たちは幸せになれるよ。

スカーレット :まあ、私たちを今幸せにするのは何があるっていうの？

レット :ええっと、そうだ…ボニーがいる。そして…そして…俺は君を愛している、スカーレット。

スカーレット :いつそれに気がついたの？

レット :俺はいつも君を愛していた。でも君はそれを示すチャンスをくれなかったじゃないか。

WORDS

forgiveness: 許し　in the hope: 望んで，期待して　give our life together: 一緒に暮らす　another chance: 別の機会　discover: 発見する

Scene 29

シーンの解説：レットは、戦前、トウェルブ・オークスのパーティーでスカーレットを初めて見たときからずっと彼女を愛していた。しかし愛していることをはっきりと彼女に感じさせるわけにはいかなかった。なぜなら、彼女はその愛を利用して彼を不利な立場に追い込むことがわかっていたからだ。彼女が彼に対して心を開くのをずっと待っていた。

NO. 17

映画関連ミニ情報

映画関係者の不幸

　映画史上空前の大ヒットとなり、名声を手に入れた映画関係者の多くは、その後不幸な道を歩んでいる。

　セルズニックの晩年は失意に満ちていた。大作『武器よさらば』は失敗し、1965年に心臓発作で死亡した。死ぬ間際まで「キリスト教聖書の映画化」を構想していた。

　ビビアン・リーは『風と共に去りぬ』撮影での無理がたたり肺結核に苦しんだ。その後、『欲望という名の電車』、『哀愁』などに出演した。私生活では、シェークスピア俳優、ローレンス・オリビエとの情事に明け暮れていた。ビビアンは My birth sign is Scorpio and they eat themselves up and burn themselves out. (私はさそり座です。さそり座の人間は、私のように自分を食べ尽くし、燃やし尽くすのです) と言っている。1967年7月8日に、情熱に生きた女性が54歳でこの世を去る。新聞は「スカーレット・オハラが死んだ」と報道した。

　クラーク・ゲーブルは映画主演と引き替えに手に入れた新妻のキャロル・ロングハートを2年あまりで飛行機事故で失った。『荒馬と女』の撮影後、心臓麻痺で倒れ59歳の生涯を閉じた。

　メラニー役のオリヴィア・デ・ハヴィランドはワーナーとのトラブルがあった。

　アシュレー役のレスリー・ハワードは映画監督を目指していたが、英国への帰国途中に、乗っていた飛行機がドイツの戦闘機に撃墜されて53歳で死んだ。

　その他、この映画関係者の何人かが自殺したり病死した。また使用人を演じた黒人俳優は、その役どころに対して、黒人側より強い非難を受けた。

1873

スカーレット 28才

写真協力 (財)川喜多記念映画文化財団

Scene 30

DVD Side B Chapter 24-25 (103～113分)
メラニーの死　『最後の頼み』

Captain Butler. Be kind to him.

バトラー船長に親切にして

2人に更に試練が待っている。ボニーが落馬し死んでしまう。レットは落ち込んでボニーの遺体と共に閉じこもるが、メラニーの説得によって葬式に同意する。レットを説得したメラニーは精根尽き果てて倒れる。死の床にあるメラニーはスカーレットを呼んで息子のボオと夫アシュレーの面倒をみてくれるように頼む。更にレットに優しくするように言う。メラニーの死にうろたえるアシュレーを見て、スカーレットは自分の恋が幻であったことを知る。

　スカーレットとレットの2人が話をしている時、ボニーがやってきて、高くしたバーを子馬に乗って飛び越すのを見てくれという。横乗りはまだ習ったばかりで危険だ。突然スカーレットの脳裏に父ジェラルドが柵を跳び越えようとして命を落としたことがよぎる。止めようとするが、時既に遅く、柵を飛び損なったボニーは落馬して死んでしまう。
　せっかくよりが戻りかけていた2人の関係も、ボニーの死によって、お互いを非難し合う関係に戻ってしまう。マミーは2人の会話を聞いて血も凍る思いがする。最愛の娘を失ったレットは悲しみに暮れて、彼女の遺体と一緒に部屋に閉じこもったまま誰も近寄せない。このままではボニーを埋葬することもできない。困り果てたマミーはメラニーにレットを説得してもらうように頼む。
　メラニーの説得によって、レットはボニーの葬式をあげることを了解する。しかし説得に力を使い果たしたメラニーは直後に倒れて危篤状態に陥る。彼女の命は風前の灯火である。彼

女にはスカーレットのような体力がない。心の強さだけではどうにもならない。

　ミード医師は、最後にメラニーがスカーレットと話したがっていると告げる。死んでいく者に対して彼女を悲しませるような話は無用である。

場面 30-1　メラニーが死を迎える　01:48:50〜01:49:13

Dr. Meade :Miss Melly's going to die in peace. I won't have you easing your conscience telling her things... that make no difference now. You understand?

ミード医師　：メラニーさんは安らかに死のうとしている。彼女に何かを言うことで君の良心を楽にすることはやめてくれ…今さら言ってもどうにもならないことだ。わかるね？

WORDS　die in peace: 安らかに死ぬ　ease: 楽にする，和らげる　conscience: 良心，道義心　make no difference: たいしたことではない，変わりがない，重要でない

シーンの解説：メラニーは安らかに死のうとしている。ミード医師は、「スカーレットがアシュレーとのことを懺悔し自分だけ心の呵責から逃れようなどとは考えるな」と強く警告している。何でも正直に話せばよいというものではない。友人の死に際して、傷つけるような真実、そしてそれが知ったところでどうしようもないことであれば、言わないのが優しさである。

　メラニーは自分の死に際し、スカーレットを最も信頼できる友人として、アシュレーの面倒を見てくれるように頼む。メラニーはふたりのことを知っていた。しかし、非難めいたことは一言も言わなかった。そのことがよけいにスカーレットの心をしめつける。そしてメラニーはスカーレットとレットがうまくやっていくことを願う。

Scene 30

場面 30-2 最後の頼み 01:49:45～01:50:54

Melanie	:Ashley... Ashley and you.
Scarlett	:What about Ashley, Melly?
Melanie	:Look after him for me. Just as you... looked after me for him.
Scarlett	:I will, Melly.
Melanie	:Look after him... but never let him know.
Scarlett	:Good night.
Melanie	:Promise?
Scarlett	:What else, Melly?
Melanie	:Captain Butler... be kind to him.
Scarlett	:Rhett?
Melanie	:He loves you so.
Scarlett	:Yes, Melly
Melanie	:Goodbye.

メラニー	：アシュレー・・・アシュレーとあなた
スカーレット	：アシュレーがどうしたの、メラニー？
メラニー	：私の代わりに彼の面倒を見てちょうだい。ちょうどあなたが・・・あなたが彼の代わりに私の面倒をみたように。
スカーレット	：約束するわ、メラニー
メラニー	：彼の面倒をみて・・・。でも決して彼には知らせないでね。
スカーレット	：おやすみなさい。
メラニー	：約束してくれる？
スカーレット	：その他には、メラニー？

メラニー	:バトラー船長・・・彼には親切にしてあげて。
スカーレット	:レット？
メラニー	:彼はあなたをとても愛している
スカーレット	:分かったわ、メラニー。
メラニー	:さようなら。

WORDS　promise: 約束する　look after: 面倒をみる　be kind to: 親切にする，情けをかける

シーンの解説：原作では、メラニーが危篤になったのは、ミード医師の忠告を聞かずに、妊娠したからである。とても子供を産めるような体ではない。しかし、子供好きの彼女はそれを知りながら身ごもり、ひとときの幸福感を味わった。体の弱い彼女は、子供を産んでも産まなくても、遅かれ早かれ命がつきることを悟っていたのだろう。あえて子供を産むことに賭けたが、結局流産し、自分自身の命を絶つことになる。

メラニーに最後の別れを告げて部屋から出てきたスカーレットは、アシュレーが呆然としているのを見て、彼を哀れに思い、彼に寄り添う。アシュレーも彼女を抱きしめる。レットは、悲しみと嫌悪と諦めの混ざった表情でその様子を眺めていたが、夫である自分を無視されたと感じ、いたたまれなくなり、帽子とコートを取り、そっと席を離れる。メラニーがいなければ生きていけないというアシュレーをみて、スカーレットは彼女のアシュレーへの思いが幻であったことを知る。

場面 30-3　幻の思い　01:51:50〜01:52:50

Scarlett :Oh, Ashley. You really love her, don't you?

Ashley :She's the only dream I ever had that didn't die in the face of reality.

Scarlett :Dreams! Always dreams with you, never common sense.

Scene 30

Ashley　　:Oh, Scarlett! If you knew what I've gone through!

Scarlett　:Ashley, you should have told me years ago that you loved her, not me... and not left me dangling with your talk of honor.

　　　　　　:But you had to wait till now, now when Melly's dying... to show me I could never mean any more to you than... than this Watling woman does to Rhett.

　　　　　　:And I've loved something that... that doesn't really exist. Somehow... I don't care. Somehow it doesn't matter. It doesn't matter one bit.

スカーレット　:ああ、アシュレー。あなたは本当に彼女を愛していたのね？
アシュレー　　:彼女は、現実に直面しても枯れることのない、ただひとつの夢だった。
スカーレット　:夢！　あなたはいつも夢ばかりだわ。良識がないのね。
アシュレー　　:ああ、スカーレット！　もし君が僕の耐えてきたことを分かってくれたら！
スカーレット　:アシュレー、あなたは何年も前に私に言うべきだったわ、あなたが愛しているのは、彼女であって私じゃないと…。そしてあなたの体面を保つ話で、宙ぶらりんな気持ちにさせないで。

　　　　　　:でも、あなたは今まで、メラニーが死のうとしているこの時まで、待たなければならなかったのね…。私があなたにとって、このワトリングがレットに抱くと同じくらいの意味しかないことを、私に示すのに。

　　　　　　:そして、私が愛していたものは…実際には存在しないものだった。とにかく…どうでもいいわ。ともかく大したことじゃない。全然大したことじゃないわ。

WORDS　**in the face of reality:** 現実に直面して　**common sense:** 良識, 常識　**go through:**（苦労を）耐える, 体験する, 切り抜ける　**dangling:** 宙ぶらりんの, ブラブラしているもの　**honor:** 体面, 名誉　**mean:** 重要性を持つ, 意味する　**somehow:** どういうわけか　**care:** 気にかける　**it doesn't matter:** 大したことじゃない, どうでもよい　**one bit:**（否定形で）全く, ぜんぜん

スカーレットがアシュレーへの思いを断ち切る最後の抱擁であったが、皮肉にも、レットはそれを自分との仲が修復不能となった瞬間だと思った。

Scene 31

DVD Side B Chapter 26 (113〜118分)
レットの決意　『別れ』

Frankly, my dear, I don't give a damn.

正直言って、俺の知ったことじゃない！

アシュレーを慰めるスカーレットを見てレットは彼女が自分を愛することは無いと考えて離婚を決意する。スカーレットは彼女が本当に愛しているのはレットだと気づくが時はすでに遅い。思いとどまるよう懇願するが、彼は無情にも生まれ故郷のチャールストンへ去っていく。

レットが側にいないことに気づいたスカーレットは彼を求めて家へ向かう。外は霧が立ちこめている。家に戻り、階段を駆け上がると、そこにはレットが外を眺めて座っている。レットはメラニーが死に際に言った言葉を尋ねた後、離婚を切り出す。

場面 31-1　私はアシュレーを愛していない　01:55:17〜01:56:07

Scarlett :What do you mean? What are you doing?

Rhett :I'm leaving you, my dear. All you need now is a divorce, and your dreams of Ashley can come true.

Scarlett :Oh, no! No, you're wrong! Terribly wrong! I don't want a divorce.

Scene 31

Scarlett :Oh, Rhett, when I knew tonight... when I... when I knew I love you, I... I ran home to tell you. Oh, darling, darling...

Rhett :Please don't go on with this. Leave us some dignity to remember out of our marriage. Spare us this last.

Scarlett :This last? Oh, Rhett, do listen to me. I... I must have loved you for years, only I was such a stupid fool I didn't know it. Please believe me. You must care. Melly said you did.

Rhett :I believe you. What about Ashley Wilkes?

Scarlett :I... I never really loved Ashley.

スカーレット ：どういうこと？　何をしているの？

レット ：君から去るよ、なあ、君。君が今望むものは離婚だ。そして君のアシュレーへの夢が実現する。

スカーレット ：ああ、違うわ！　いいえ、あなたは間違っている！　全くの誤解よ！　私は離婚なんかしたくない。ねえ、レット、今晩分かったの。私が…私があなたを愛していると分かった時、私は…私はそれを言うために走って帰ってきたの。ねえ、あなた、あなた…

レット ：蒸し返すのはやめてくれ。俺たちの結婚の思い出に、少しは威厳を残しておこう。この結末はとっておこう。

スカーレット ：この結末？　ああレット、よく聞いて。私は…私はあなたを何年もの間、愛していたに違いないわ。でもそれに気づかないほど私が愚かでばかだっただけ。信じてちょうだい。あなただって愛しているはずよ。メラニーがそうだって言っていたわ。

レット ：君を信じるよ。アシュレー・ウィルクスのことはどうなんだ？

スカーレット ：私は…私は、アシュレーをぜんぜん愛してなかったのよ。

WORDS　**leave you:** 君から去る　**divorce:** 離婚　**dreams come true:** 夢が実現する　**go on with this:** 再開する、続行する、進める　**spare:** とっておく、控える

▎シーンの解説：アシュレーへの恋がさめたスカーレットは、アシュレーのことを、頼りなくて意気地なしと呼んだ。しかし、レットはアシュレーを、必死に努力するが新しい世の中に対応できない人間と見ている。原作では、He's only a gentleman caught in a world he doesn't belong in, trying to make a poor best of it by the rules of the world that's gone.（彼は、ただ、彼の住むのにふさわしくない世界に押し込められている紳士だよ。そして、過ぎ去った世界の基準で、哀れにもベストを尽くそうとする）。

メラニーの死に際して、スカーレットが本当に愛しているのはレットだということが分かる。彼を引き止めようとするが、レット自身も傷ついている。今までお互いにすれ違いがあり、それを認めたとしても、すぐに心の傷が癒されるわけではない。彼女に対する不信感は簡単には消えない。彼女の彼に対する仕打ちは謝ったからと言って済むほど単純なものではない。

場面 31-2　すれ違い　01:56:33〜01:57:18

Rhett :It seems we've been at cross-purposes, doesn't it? But it's no use now. As long as there was Bonnie there was a chance we might be happy.

:I liked to think that Bonnie was you. A little girl again, before the war, and poverty had done things to you.

:She was so like you, and I could pet her, and spoil her, as I wanted to spoil you. But when she went, she took everything.

Scarlett :Oh, Rhett! Rhett, please don't say that. I'm so sorry, I'm so sorry for everything.

Rhett :My darling, you're such a child. You think that by saying "I'm sorry," all the past can be corrected.

レット :お互い、すれ違いばかりしていたようだね。しかし、もうどうでもいいことだ。ボニーがいてくれれば、俺たちが幸せになるチャンスはあった。

:俺は、ボニーが君だと思うのが好きだった。戦争が起こる前の、貧困が君に多大な影響を与える前の、かわいい少女が再び現れたようだった。

:あの子はとても君に似ていた。あの子を可愛がって、甘やかすことができた。君を甘

173

Scene 31

やかしたかったようにね。でもあの子が死んだ時、全てを持って行ってしまった。

スカーレット ：ねえ、レット！　レット、そんなこと言わないで。ごめんなさい。何もかもごめんなさい。

レット ：ねえ君、君はずいぶん子供だね。君は、「ごめんなさい」と言えば、全ての過去が償えると思ってるなんて。

WORDS

cross-purposes: すれ違い，うまく噛み合わない，相反する目的　**do things to:** 〜に多大の影響を与える　**pet:** かわいがる　**spoil:** 甘やかす　**go:** 死ぬ（die の遠回し語）

シーンの解説：若いときは傍若無人であったレットも、この時は45歳になっている（スカーレット28歳）。いったん壊れたものを辛抱強く修繕しようとする気力を失い、穏やかで落ち着いた生活を望んでいる。

レットは、彼が愛しても愛を返してくれないスカーレットに代わって、娘のボニーに愛情を注いでいた。その娘がいなくなった今、レットは絶望の淵にいる。

場面31-3　俺の知ったことじゃない　01:57:27〜01:58:26

Scarlett ：Rhett! Rhett, where are you going?

Rhett ：I'm going to Charleston. Back where I belong.

Scarlett ：Please. Please take me with you.

Rhett ：No. I'm through with everything here. I want peace. I want to see if somewhere there isn't something left in life of charm and grace. Do you know what I'm talking about?

Scarlett ：No. I only know that I love you.

Rhett ：That's your misfortune.

Scarlett ：Oh, Rhett. Rhett! Rhett! Rhett! Rhett, if you go, where shall I

	go? What shall I do?
Rhett	:Frankly, my dear, I don't give a damn.
スカーレット	:レット、レット、どこへ行くの?
レット	:チャールストンへ行く。俺にふさわしい所へ戻る。
スカーレット	:お願い。お願いだから私も一緒に連れて行って。
レット	:ダメだ。ここでの全てが終わった。俺は平和がほしい。どこかに何か魅力的で優雅な人生が残っていないか見てみたい。俺が言っている意味が分かるかい?
スカーレット	:いいえ、私はあなたを愛しているってことしか分からない。
レット	:それは君の不幸だ。
スカーレット	:ああ、レット。レット! レット! レット! レット、もしあなたが行ってしまえば私はどこへ行けばいいの? 私は何をすればいいの?
レット	:正直言って、俺の知ったことじゃない!

WORDS   be through with: やめる,終える,関係を絶つ　charm and grace: 魅力と優雅さ　misfortune: 不運　frankly: 正直に言うと　give a damn: 気にしない,知ったことではない

シーンの解説:レットが出て行く場面は、原作では、He drew a short breath and said lightly but softly: "My dear, I don't give a damn." となっており、それに対する日本語小説の訳文は、『彼は、一息ついて、それから気軽に、だがやさしく言った。「だが、けっしてきみをうらんではいないよ」』(大久保康雄・竹内道之助　訳、新潮文庫)である。映画では、制作者のセルズニックが、意図的に、"frankly" を付け加えてレットの冷淡さを強調し、見る人に、より強烈な印象を与えることに成功している(関連ミニ情報9参照)。

　レットにとっては、およそ男が女を愛しうる最大の情熱を持ってスカーレットを愛してきた自負がある。憎まれ口を叩くこともあったが、命をかけて彼女を守ってきた。レットの愛情がなければ、今のスカーレットはなかっただろう。しかしレットは愛することに疲れてしまっている。彼はすがるスカーレットに冷たい言葉をはき、家を出て霧の中に消えていく。そして彼は生まれ故郷のチャールストンへ向かう。

Scene 32

DVD Side B Chapter 27-28 (118〜121分)
エピローグ 『新たな決意』

After all, tomorrow is another day.

結局、明日は明日の風が吹く

残されたスカーレットは悲しみに打ちひしがれるが、本来の楽観的な性格が目覚め、生まれ故郷のタラへ帰りレットを取り戻す手だてを考えることにする。「明日は明日の風が吹く」。

レットが去った後、途方に暮れて涙するスカーレットに父ジェラルドの言葉がよみがえってくる。そして、アシュレーやレットの声も聞こえる。それらは全てタラに関することであり、タラという言葉がスカーレットの頭の中でこだまする。タラへ！　故郷へ帰って一から出直そう！　そうすればきっとうまくいく！

場面 32-1　故郷のタラへ　01:58:26〜02:00:10

Scarlett ：I can't let him go! I can't! There must be some way to bring him back.

：Oh, I can't think about this now. I... I'll go crazy if I do! I... I'll think about it tomorrow. But I must think about it. I must think about it. What is there to do? Oh, what is there that matters?

:Tara! Home! I'll go home, and I'll think of some way to get him back. After all... tomorrow is another day.

スカーレット　：私は彼を行かせない！　できないわ！　彼を引き戻す何らかの方法があるはずだわ！

：ああ、私は今、そのことを考えられない。私は…私は考えたら気が狂ってしまう！　私は…私は明日考えることにしよう。でもそのことを考えなくっちゃ。そのことを考えなくっちゃ。何をしたら良いのだろう？　ああ、大事なことって何があるんだろう？

：タラ！　故郷！　故郷へ帰ろう。そして彼を引き戻す何か方法を考えよう。結局…明日は明日の風が吹くわ。

WORDS　　**let him go:** 彼を行かせる

シーンの解説：タラはスカーレットの心の故郷であり出発点である。彼女の故郷に寄せる強い思いを原作から紹介する。She had gone back to Tara once in fear and defeat and she had emerged from its sheltering walls strong and armed for victory. What she had done once, somehow, please God, she could do again! (かつて彼女は、恐怖と敗北の中で、タラへ帰った。そして、強く武装して、その庇護の内壁から現れて勝利を手にした。一度できたことは、神が許すなら、またできるはずだ)

参考資料

1. DVDビデオ、『風と共に去りぬ』ワーナー・ホーム・ビデオ

2. ミッチエル（大久保康雄、竹内道之助　訳）、小説『風と共に去りぬ』1〜5巻、新潮文庫．

3. Margaret Mitchell,『Gone with the Wind』, Warner Books.

4. ［訳注］大場啓蔵・森田明春・竹村憲一・田邉直美、『英和対訳映画シナリオ、風と共に去りぬ［上］［下］』南雲堂、1994．

5. 大島良行、『「風と共に去りぬ」の女たち、ミッチェルの生き方とアメリカ南部』専修大学出版局、1996．

6. 横山芳夫、『歴史小説としての「風と共に去りぬ」の舞台を行く』（株）近代文藝社、1996．

7. 青木冨貴子、『「風と共に去りぬ」のアメリカ、南部と人種問題』岩波新書、1996．

8. David O'Connell、『The Irish Roots of Margaret Mitchell's Gone With the Wind』Claves & Petry, Ltd.、1996．

9. 『世界を制したハリウッド映画、風と共に去りぬ公開の時』ＮＨＫ「その時歴史が動いた」2001年4月4日放送

10. 英文和訳、英単語解説に使った辞書：英辞郎（http://member.nifty.ne.jp/eijiro/）、リーダーズプラス（研究社）、ジーニアス英和辞典（大修館）、ランダムハウス英語辞典（小学館）等

関連サイト

1. 『風と共に去りぬ』映画解説のページ
     http://us.imdb.com/Title?0031381
     http://www.stingray-jp.com/allcinema/prog/show_c.php3?num_c=4510

2. 風と共に去りぬファンのページ
     http://www.jah.ne.jp/~stamp/GWTW.html

3. Gone With the Wind　オフィシャルページ
     http://www.newline.com/sites/gonewind/

4. Cinny's Page of "Gone With the Wind"：写真映像ライブラリー
     http://www.geocities.com/Hollywood/Set/3140/

5. その時歴史が動いたで紹介
     http://www.nhk.or.jp/sonotoki/syoukai/s004.html

6. ビビアン・リーに関するページ
     http://www.asahi-net.or.jp/~md5s-kzo/vivienle.html
     http://www.din.or.jp/~grapes/vivien/vivien.html

7. 南北戦争研究室
     http://www.civil-war.nu/

8. 奴隷制度に関するページ
     http://www.asahi-net.or.jp/~MV4E-TKUC/unchiku.html

9. 奴隷解放のバイブル　「アンクル・トムの小屋」
     http://www.worldfolksong.com/foster/text/uncletom.htm

10. マーガレット・ミッチェルの家　オフィシャルサイト
     http://www.gwtw.org/

11. ミッチェル＆スカーレット年譜
     http://homepage1.nifty.com/~midori-room/mitchell.html

おわりに

　この本は、2001年に、富山インターネット市民塾のインターネット講座に使った題材を加筆／編集したものである。映画を使った英語学習講座を始めるにあたり、題材を考えていた折、英語メールネットワーク "Englett" を通じて『風と共に去りぬ』の事が話題にのぼった。あまり恋愛映画に興味の無い私は、"Chick's Movie"（女子供の映画）と書いたところ、多くのメンバーから反論が寄せられた。如何に多くの人がこの映画に傾倒しているかを知り驚いた次第である。特に戦後から日本の高度成長期を支えた人たちにとっては、深く心に刻まれたまさに青春の一ページではないだろうか。

　ちょうどその頃、NHKの人気テレビ番組「その時歴史が動いた」でこの映画が紹介された。プロデューサー、セルズニックの熱い思いに感激し講座のテーマが決まった。

　DVDビデオを見ると、最近の映画と比べても遜色なく、60年以上前に作られたとは思えないほどの映像の豪華さである。戦時中に徳川夢声が、この映画を見て「日本は戦争に勝てない」と言った意味がよくわかる。その素晴らしさは芸術性や技術面だけでなく、複雑なストーリーを妥協することなくまとめ上げた企画力にある。往年のスターたちはこの世を去ったが、映画の中ではいつまでも美しく輝いている。

　ところで、2001年春に、デラウエア州のウイルミントンにあるデュポンの総合研究所を訪ねる機会があった。世界を代表する化学企業は、1802年にフランス移民のE. I. DuPontによって創設され、黒色火薬（Black Powder）の生産を開始した。ウイルミントンは、南北戦争時代は南北を分けるボーダーに位置し、北軍に火薬を供給していたはずである。デュポンの火薬は性能が良く、鉄砲や大砲に使っても不発が少ない。私見であるが、ちょうど戦時中に通常火薬の3倍爆発力を持つダイナマイトの商業生産を開始したことからも、デュポンの存在が北軍の勝利に大きく貢献したのではないだろうか。ウイルミントンに限らず、アメリカには至る所に南北戦争の歴史が刻まれている。

　映画『風と共に去りぬ』が第二次世界対戦と並行して製作され、戦後に世界中の人々の心の支えになったという事実からも、映画が歴史や文化に与える影響は大きい。筆者の活動テーマは「映画で広がる英語の世界」であり、映画を通してお気に入りの俳

優から口語英語を学ぶと共に、その元となる西洋文化（英語の世界）を理解する手助けになれば幸いである。

最後に、2人の詩人の名言を紹介したい。

① Love is like war; easy to begin but very hard to stop.（恋は戦争のようなもの：始まりは簡単だが、止めるのは難しい）　by　H. L. Mencken（1880-1956）
② War is like love; it always finds a way.（戦争は恋のようなもの；必ず解決策がある）　by Bertolt Brecht（1898-1956）

2人の詩人が、『風と共に去りぬ』を意識していたかどうかは分からないが、まさに、スカーレット・オハラの生き様を表した言葉だと思う。彼女にとっての戦争は「アシュレーへの恋」である。子供の頃は彼を見ても少しも関心がわかなかったが、14歳の時、アシュレーが3年間の欧州旅行から帰ってきて、タラにあいさつに訪ねてきたその日に突然恋に落ちた。その恋は実らず、南北戦争が勃発し、アシュレーは従姉妹のメラニーと結婚した。スカーレット自身も3人の男性と結婚したが、彼への憧れは戦中、戦後も衰えることなく、あの日から14年後の28歳の時、メラニーの死をもってようやく、アシュレーへの思いを断ち切るのである。

レット・バトラーとの生活もまた、戦争そのものであった。お互いに惹かれながらもすれ違い、物語の最後には、レットは、すがるスカーレットを残して去っていく。しかし、彼女は、恋にも必ず解決策があるはずだと言い、生まれ故郷のタラに戻って出直すことを決意した。

最後に、私が映画英語に興味を持つきっかけと情熱を頂いた、村川義郎先生はじめNPO法人ETM『映画で学ぶ英会話』の先生方、そして本書の前身であるインターネット英語学習講座「風と共に去りぬ」(2001年)の立ち上げに関してご指導頂いた、富山インターネット市民塾の柵富雄事務局長、吉田真理さんに感謝したい。また、本書発行にあたり、適切なアドバイスと構成指導をいただいた株式会社スクリーンプレイの二村優子編集長に感謝したい。

2004年3月　筆　者

スクリーンプレイの出版物のご案内

解説書

映画の中の マザーグース
鳥山 淳子 著
欧米社会に深く浸透している「マザーグース」。様々な映画にも登場する、マザーグースの世界に皆さんをご案内します。
本体価格 1,300円(税別)

もっと知りたい マザーグース
鳥山 淳子 著
『映画の中のマザーグース』に続く第二作。文学、ポップス、漫画…と、ジャンルを広げての紹介です。
本体価格 1,200円(税別)

TVドラマで アメリカ・ウォッチング！
キャズ・カワゾエ 著
ビバヒル、アリー、フレンズ、セックス＆ザ・シティ…。ドラマのこぼれ話、使える英語を紹介するフォトエッセイ集。
本体価格 1,200円(税別)

映画で学ぶ しゃれた英語表現
小川 富二 著
映画の中に現れる、気の利いた言い回しを集めた本。英語の資格試験を目指す人にお勧めです。
本体価格 1,500円(税別)

アカデミー賞映画で学ぶ 映画の書き方(シナリオ)
新田 晴彦 著
シナリオライター志望者必読の一冊。実際にライターとして活躍中の筆者が、シナリオの書き方を懇切丁寧にお教えします。
本体価格 1,300円(税別)

ムービー DE イングリッシュ
窪田 守弘 編著
50本の映画から抽出した、映画で英語を学ぶためのエッセンスが詰め込まれた1冊です。
本体価格 1,200円(税別)

DVD映画英語学習法
亀山 太一 他著
DVDを使った映画英語学習法を解説した書。映画英語学習ソフト captionDVD のガイドブックを兼ねています。
本体価格 952円(税別)

映画で学ぶ アメリカ文化
八尋 春海 編著
言葉では説明しきれない「文化」も、映像を通せば理解しやすい。アメリカ映画を通して、アメリカの文化を解説します。
本体価格 1,500円(税別)

スクリーンプレイ学習法
新田 晴彦 著
映画シナリオや映画の映像を利用した、さまざまな、新しい英語学習法の取り組みを紹介・解説します。
本体価格 1,748円(税別)

アメリカ映画解体新書
一色 真由美 著
単なる映画評論にとどまらず、アメリカ映画のいろいろなおもしろさを再発見できるエッセイ集です。
本体価格 1,500円(税別)

教材

SCREENPLAY オーラル・コミュニケーションA
渡辺 幸俊／曽根田 憲三 他著
映画を使ったオーラル・コミュニケーションAの教科書。文部省指導要領に準拠しています。
本体価格 1,262円(税別)

SCREENPLAY オーラル・コミュニケーションB
大八木 廣人／渡辺 治 他著
映画を使ったオーラル・コミュニケーションBの教科書。文部省指導要領に準拠しています。
本体価格 1,262円(税別)

児童教育

KIM先生のおもしろ子供英語教室 Balls, Balloons & Bubbles
キム・A・ルッツ 著
子供に英語を教える際に必須の様々なノウハウを詰め込んだ、児童英語教育マニュアル決定版。
本体価格 2,800円(税別)

保育革命 少子高齢化時代の育児と保育
鈴木 真理子 著
児童福祉法50年。21世紀のあるべき保育事業の姿を提言する1冊です。
本体価格 1,600円(税別)

※表示の価格は全て税別です。

ご注文はお近くの書店まで

写真集

映画写真集 ムーラン・ルージュ
新感覚のミュージカル映画『ムーラン・ルージュ』の幻想的な世界を、300枚以上の写真で再現する、完全保存版の映画写真集です。
本体価格 3,800円（税別）

グラディエーター
リドリー・スコットの世界
塚田 三千代 他訳
アカデミー作品賞を受賞した『グラディエーター』のメイキングに密着したメイキング写真集です。
本体価格 2,800円（税別）

学習参考書・生きた英語学習

映画でらくらく 英検2級対策
山上 登美子 著
「ボディガード」と「フィールド・オブ・ドリームス」を使って、楽しみながら英検2級対策をしてみよう。
本体価格 1,300円（税別）

映画を英語で楽しむための7つ道具
吉成 雄一郎 著
7つのキーワードを覚えれば、映画の英語は中学生レベルになる！映画を題材にして、楽しく英語を学びます。
本体価格 1,200円（税別）

映画で学ぶ 使える！英単語
山口 重彦 著
覚えられなかった英単語も、映画を使えばバッチリです！「ダイハード」を使って楽しく学習しましょう。
本体価格 1,262円（税別）

映画で学ぶ 英語熟語150
山口 重彦 著
「ロッキー」シリーズを観て、楽しみながら重要な英語の熟語150個を学習することができます。
本体価格 1,748円（税別）

映画で学ぶ 中学英文法
内村 修 著
「スター・ウォーズ」シリーズを題材に、様々な有名シーンから、中学レベルの英文法を学習します。
本体価格 1,748円（税別）

映画で学ぶ 高校英文法
島川 茂清 著
「インディ・ジョーンズ」シリーズを題材に、有名シーンから、高校レベルの英文法を学習します。
本体価格 1,748円（税別）

映画で学ぶ 中学生のための イディオム学習
山上 登美子 他著
中学3年間でマスターしておきたい、英語のイディオムを完全網羅。映画を使って楽しみながら学習できます。
本体価格 1,262円（税別）

映画で学ぶ 高校生のための イディオム学習
山上 登美子 他著
ピンとこなかった英語も、映画を使えばよく分かる。テスト対策にも配慮した、映画英語学習書。
本体価格 1,262円（税別）

映画で学ぶ 海外旅行の必修英会話120
萩原 一郎 著
旅行で観光するだけでは物足りない。海外でネイティブとの会話を楽しみたいと思っているあなたに最適です。
本体価格 1,262円（税別）

映画で学ぶ もしももしもの仮定法学習
新田 晴彦 著
難解で敬遠されがちな「仮定法」を、シンプルに丁寧に解説した、語学学習者への福音の書です。
本体価格 1,262円（税別）

映画で学ぶ アメリカ留学これだけ覚えれば安心だ
新田 晴彦 著
アメリカに留学する際に必要になる、現地生活に必要不可欠な表現だけを厳選してご紹介します。
本体価格 1,262円（税別）

映画で学ぶ これでナットク！前置詞・副詞
福田 稔 著
日本人が特に苦手な、英語の前置詞と副詞に特化して解説した、英語表現能力向上のための1冊です。
本体価格 1,262円（税別）

※2004年3月現在

著者紹介

大井 龍（おおい　りゅう）
1958年兵庫県生まれ。
岡山大学工学部大学院卒（Ph.D.）。
映画英語学習の面白さを伝えることを目的に、
ホームページ、ボランティア講演等で活躍中。
e-mail：i.am.ryu.oi@nifty.com
homepage：http://homepage1.nifty.com/roi/

英語でひもとく『風と共に去りぬ』

2004年3月24日　初版第1刷
2006年7月27日　　　第2刷

著　者
大井　龍

発　行　者
鈴木　雅夫

発　行　所
株式会社スクリーンプレイ
〒464-0025名古屋市千種区桜が丘292番
TEL：(052) 789-1255　FAX：(052) 789-1254
http://www.screenplay.co.jp/

印刷・製本
中部印刷株式会社

Cover Design
Nakata Kaoru / EXIT

定価はカバーに表示してあります。
無断で複写、転載することを禁じます。
乱丁、落丁本はお取り替えいたします。

Printed in Japan
ISBN4-89407-358-7